COLEÇÃO DEUS CONOSCO

CRISMA

Eu lhes darei o meu espírito

CATEQUISTA

Lydia das Dores Defilippo

Petrópolis

© 2006, Editora Vozes Ltda.
Rua Frei Luís, 100
25689-900 Petrópolis, RJ
Internet: http://www.vozes.com.br – Brasil

15ª edição, 2013

EQUIPE DE APOIO E ASSESSORIA

Catequistas veteranas e grandes amigas:
Dazir da Rocha Campos
Elyanne Guimarães Brasil
Liza Helena Ramos
Marlene Frinhani

Agradecimentos especiais no processo de revisão da coleção:
Coordenação de Catequese do Regional Leste II

COORDENAÇÃO EDITORIAL: Marilac L.R. Oleniki

REVISÃO TEXTUAL E ATUALIZAÇÃO:
Maria Cecília M.N. Giovanella
Flávio Fernando de Souza

ILUSTRAÇÕES DE MIOLO E CAPA: Ana Maria Oleniki

CAPA: AG.SR Desenv. Gráfico

PROJETO GRÁFICO E EDITORAÇÃO ELETRÔNICA: Ícone Editoração Ltda.

REVISÃO LITERÁRIA: Flávio Fernando de Souza

ISBN 978-85-326-3270-8

Todos os direitos reservados. Nenhuma parte desta obra poderá ser reproduzida ou transmitida por qualquer forma e/ou quaisquer meios (eletrônico ou mecânico, incluindo fotocópia e gravação) ou arquivada em qualquer sistema ou banco de dados sem permissão escrita da editora.

Editado conforme o novo acordo ortográfico.

Este livro foi impresso pela Editora Vozes Ltda.

SUMÁRIO

Apresentação, 5

Queridas(os) catequistas, 6

Orientações aos catequistas, 7

Metodologia, 10

1. Quem sou eu? Quem somos nós?, 13

2. *"Eu lhes darei o meu Espírito"* (Jo 15,26), 18

3. Chamados a crescer na fé, 22

4. Crisma: sacramento da maturidade cristã, 28

5. *"Sereis minhas testemunhas"* (At 1,8), 36

6. Fortalecidos pelo Espírito Santo, 41

7. Fiéis à missão de Jesus, 46

8. A Igreja no mundo: Deus presente na história, 56

9. Uma Igreja a serviço, 63

10. Um projeto antigo e atual: os mandamentos, 68

11. Ser adolescente e jovem hoje, 73

12. Vocação: sou chamado(a)!, 79

13. Somos Igreja viva: fermento do Reino de Deus no mundo, 85

14. Jesus Cristo: ontem, hoje e sempre – os sacramentos, 89

15. Crisma: *"eu, por vontade de Deus, apóstolo de Cristo!"* (Cl 1,1), 95

Anexos

A: Ficha e celebração do estágio crismal, 117

B: *"Quem dizem vocês que eu sou?"* (Lc 9,20), 125

C: Jesus dá pleno cumprimento ao Projeto de Javé, 129

D: Crisma na Igreja Nascente, 133

E: Tríduo de preparação para a crisma, 139

F: Pós-crisma: oração – perseverança – engajamento, 146

Memória – Testemunho – Ação de Graças, 153

Sugestões de músicas (CDs), 155

Sugestões de leitura, 156

APRESENTAÇÃO

Conheci Lydia em um curso para catequistas anos atrás. Se a primeira impressão é a que fica, o que marcou e cativou, a mim e as outras catequistas, foi a sua enorme paixão pela Catequese. Lydia é uma catequista extremamente criativa, diria, genial! Uma "encantadora" de gente. As outras vezes em que nos encontramos, sempre em algum tipo de formação para catequistas e coordenadores de catequese, reforçaram essa primeira impressão.

Acompanhei de perto, em várias paróquias e dioceses, o trabalho de catequistas que utilizaram a Coleção Deus Conosco. Também pude constatar, em vários lugares, que os seus livros foram instrumentos para um bom processo de Educação da Fé de crianças, adolescentes e jovens. E mais, que o conteúdo da coleção também ajudou no amadurecimento da fé de muitos catequistas.

Fez-se necessária uma revisão e uma atualização da Coleção. Fico feliz em apresentar essa "nova" Coleção Deus Conosco e de constatar que ela continua com a marca original de Lydia, que é desenvolver uma catequese que leve a uma vivência, a uma experiência concreta de amor e de fé em comunidade.

O grande objetivo, que perpassa todo o itinerário catequético proposto pela coleção, é o de levar ao seguimento de Jesus e à celebração da fé nos encontros catequéticos e na comunidade cristã.

Verifico também, que permanece a originalidade de Lydia em relação à linguagem da catequese: comunicar o conteúdo da Mensagem Cristã de acordo com a idade do catequizando, desenvolvendo a consciência crítica tão importante nos dias de hoje, aliada a uma metodologia muito criativa que também promove o envolvimento da família na catequese.

A equipe de revisão foi muito cuidadosa e manteve as características da Coleção e o desejo de Lydia de fazer com que os temas, a metodologia, enfim, que tudo dê um sabor novo à vida do catequizando e do catequista.

Lucimara Trevizan
(Coordenadora da Comissão de Catequese do Regional Leste II)

QUERIDAS(OS) CATEQUISTAS

Em suas mãos colocamos um subsídio para ajudá-lo na preparação de seus encontros com os catequizandos. Quer ser uma pequena "lâmpada de azeite" a iluminar os nossos passos pelos caminhos da Evangelização.

A **Coleção Deus Conosco** se propõe, em cada palavra, fato, experiência, reflexão ou leitura bíblica, contribuir no entendimento e na vivência da grande verdade do Sinai: "DEUS, o Senhor e Pai, está conosco e não abre mão disso, e nós, juntos, irmãos, filhos, POVO – somos d'ele e não abrimos mão disso".

Esta relação de amor e confiança, despertada e aprofundada em nossos corações nos encontros de catequese, nos possibilitará experienciar a realidade do Reino de Deus, que é de amor, fraternidade, justiça e paz. Aqui e agora!

Junto aos nossos catequizandos e nas nossas comunidades, nós, catequistas, comungando e expressando a mesma fé, faremos o caminho, confiantes, porque "ele está conosco todos os dias".

Desejo a você, querida(o) catequista, que a força do Espírito Santo, a graça de Deus Pai e de seu Filho Jesus Cristo, ilumine e o encoraje a testemunhar e despertar, no coração dos catequizandos, a grande alegria e esperança de viver a experiência do Reino.

Com carinho,
Lydia

ORIENTAÇÕES AOS CATEQUISTAS

A **Coleção Deus Conosco** tem por objetivo oportunizar a experiência de Deus na vivência partilhada da fé, nos grupos e momentos da catequese paroquial comunitária.

A proposta metodológica visa estabelecer um processo guiado pelo princípio de interação FÉ-VIDA, apresentando temáticas que constroem gradativamente o envolvimento no conhecimento da Palavra de Deus, respeitando-se as diferentes faixas etárias, percorrendo desde a catequese infantil (6 anos) à catequese crismal.

INICIAÇÃO I – BEM DEVAGARINHO

Jesus amou as crianças de um modo especial e ensinou seus discípu-los a valorizá-las e a cultivar em si a sensibilidade infantil. Por isso, as atividades, reflexões e textos propostos para este manual têm por objetivo oferecer, aos pequenos catequizandos, a oportunidade de sentirem-se chamados por Deus a observar e admirar as suas marcas de bondade e amor que se revelam na criação e no ser humano, sua imagem e semelhança.

INICIAÇÃO II – UM PASSO À FRENTE

Anunciar Deus às crianças é motivar o seu desenvolvimento espiritual em um tempo de socialização, de educação humana e cristã em todos os seguimentos de seu convívio. Por isso, nosso objetivo com este manual é o de proporcionar atividades e reflexões sobre a participação de cada um no mundo, na família, na comunidade, em uma perspectiva de educação progressiva da fé, baseada nos valores do Reino.

PRÉ-EUCARISTIA – MEU NOME É JESUS

Identificar Jesus como o Filho de Deus inserido e engajado na sua comunidade, junto ao povo, partilhando tudo e dando um sentido novo para a vida e religião de seu tempo é o que propomos às crianças da preparação para a Eucaristia, neste volume.

Para estes que estão no processo de crescimento e experiência da fé, é preciso possibilitar-lhes conhecer melhor Jesus e suas ações para que assim possam fortalecer a fé com a vida e iluminar a vida com a fé, compromisso e testemunho de Jesus.

EUCARISTIA – VENHAM CEAR COMIGO

Preparar o catequizando para a participação e a vivência profunda no sacramento da Eucaristia, comungando o Pão e a Vida de Jesus e com os irmãos é o que se propõem os conteúdos dos encontros deste livro.

Para celebrar na Eucaristia o amor a Deus e aos irmãos, o perdão, a palavra e a comunhão, respondendo ao convite de Jesus: – Venham cear comigo!

PÓS-EUCARISTIA – TAMBÉM SOU TEU POVO, SENHOR!

Conhecer e amar a Bíblia, o livro da comunidade cristã, que nos revela a história da salvação como a caminhada de um povo ontem, hoje e amanhã.

Primordial é a Bíblia em nosso crescimento e desenvolvimento da fé, por nos falar essencialmente do amor incondicional de Deus para com os homens e da busca destes por se encontrar e relacionar com ele. É com base nesta busca que o livro, em seus encontros, procura ser sinal sensível, aos catequizandos, confirmando o que diz o salmo: *"Tua palavra é lâmpada para os meus pés, e luz para o meu caminho"* (119,105).

CRISMA – EU LHES DAREI O MEU ESPÍRITO

Oferece, de maneira criativa, conteúdo e vivência, para que os crismandos vivenciem a experiência da reflexão e da partilha e possam ser "confirmados" na fé e na vida. Cada tema proposto nos encontros tem por objetivo envolver os crismandos no ardor apostólico e missionário que lhes cabe pela Unção da Crisma, para testemunhar a fé e exalar o "bom perfume" de Cristo junto à comunidade.

COLETÂNEA – A SEMENTE DE MOSTARDA

Reúne celebrações, dramatizações, jograis, textos, teatros e outros recursos, que contribuem com a **Coleção Deus Conosco**. É uma oportunidade de os(as) catequistas complementarem os encontros de catequese favorecendo momentos expressivos de encontro em sua comunidade e com sua turma de catequizandos/crismandos, dinamizando a convivência e a reflexão.

METODOLOGIA

O encontro de catequese é um instrumento de Evangelização. Portanto, torna-se necessário compreendê-lo na perspectiva de interação do catequizando com Deus, com os catequistas, com a comunidade e com seus colegas de catequese. Para isso, é preciso que a metodologia oportunize um movimento sequencial de ações para que, no decorrer de seu desenvolvimento se realize o aprendizado das verdades da fé cristã católica e a experiência de união com Deus, manifestada na vivência comunitária.

Desta forma, propomos para o desenvolvimento dos encontros o método VER – ILUMINAR (JULGAR) – AGIR – CELEBRAR – AVALIAR sob a perspectiva do princípio de interação Fé-Vida para os diferentes momentos catequéticos, que envolvem:

- **Recursos:** relação de materiais didáticos para contribuir no estudo do tema.
- **Interagindo:** é o processo de envolvimento do crismando com o estudo e vivência do encontro. É o momento de integrá-lo, envolvê-lo na busca por saber mais sobre os aspectos da experiência cristã em sintonia com a vida. É o momento de VER e acolher a vida no encontro de catequese.
- **Iluminando nossa vida:** momento de reflexão da realidade, iluminada pela Palavra de Deus. Nesse momento busca-se entender a realidade à luz da fé e transformá-la à luz do Evangelho, em sintonia com os valores do Reino de Deus e os ensinamentos da Igreja.
- **Nosso compromisso:** é o momento de responder e assumir uma posição mediante o confronto do conteúdo com a vida e com a Palavra de Deus. É um passo concreto para colaborar na transformação da realidade. Portanto, é um momento expressivo do encontro em que o catequista motiva os crismandos, de acordo com a sua faixa etária, a serem participativos, para gerar mudanças no seu exercício concreto dos valores cristãos na sociedade.

- **Celebrando nosso encontro:** é um momento de diálogo com Deus e de oração fraterna a partir daquilo que foi refletido no encontro, mobilizando atitudes de agradecimento, perdão, louvor, silêncio. É oração e ação de graças. É o espaço em que se desperta o desejo de estabelecer intimidade com o Pai, em que a mensagem evangélica entra em sintonia com a experiência de cada crismando. Desta forma, estabelece-se a interação Fé-Vida.

- **Para o próximo encontro:** são sugestões do que é possível solicitar aos crismandos buscando envolvê-los na preparação da temática, de maneira que cheguem ao encontro com elementos de contribuição e partilha, reflexões, conhecimentos e experiências de suas vidas, interagindo com a proposta do encontro.

  Propomos, também, que o catequista motive seus crismandos para conversarem com a família, orientando-os de que isto lhes proporcionará integração e motivará o envolvimento e a participação da família na catequese e na comunidade. Nosso objetivo é o de partilhar com os pais as graças e a responsabilidade na educação da fé, fazendo do espaço familiar um lugar em que se faz a experiência e se cultiva a intimidade com Deus.

- **Atividades:** as atividades têm como finalidade contribuir no desenvolvimento de cada encontro. Não podemos esquecer que as atividades cumprirão o seu papel, a sua função, se estiverem a serviço da comunicação da mensagem própria da catequese. Nesta perspectiva, é importante que seu desenvolvimento seja acompanhado e proposto pelo catequista envolvendo as dimensões individual e comunitária, para que se torne possível aprender juntos a manifestar e vivenciar experiências, ideias e sentimentos. E, ainda, que são instrumentos de memorização da mensagem, avaliação e fixação da aprendizagem.

- **Anexos:** compõem-se de encontros que abordam as temáticas de comemorações litúrgicas e complementares ao conteúdo proposto em cada livro. São temáticas que não coincidem com a ordem do Sumário, por se tratarem de datas flexíveis no calendário, por isso optou-se em apresentá-las como anexos para que você catequista as inclua no tempo adequado, na sequência das demais temáticas, adaptando-as de acordo com a realidade local.

- **Estágio Crismal:** a Crisma é o sinal do compromisso do cristão com a sua comunidade, reafirmando sua adesão à Igreja. Em vista deste amadurecimento na fé e do engajamento pastoral dos crismandos na comunidade, propomos o Estágio Crismal. Para isso, apresentamos no anexo A, uma sugestão de como realizá-lo no decorrer do período de preparação para a Crisma.

Esta proposta da **Coleção Deus Conosco** é um instrumento para a catequese. Por isso, cabe a cada catequista adaptar as propostas dos encontros à sua realidade, com especial atenção aos seguintes aspectos:

- *Os encontros acontecem na comunidade*: é preciso tornar visíveis à comunidade as atividades de seus catequizandos. Para isso, organize exposições das experiências de seus encontros.
- *A alegria aproxima as pessoas*: é bom oportunizar momentos com brincadeiras e dinâmicas que envolvam os crismandos. Esses momentos propiciam a experiência de amizade e comunhão.
- *A catequese prepara para a experiência comunitária*: motive seus colegas catequistas a unirem as turmas, realizando conjuntamente encontros, celebrações, recreações e passeios.
- *Na catequese propõe-se a vivência da partilha*: motive seus crismandos e colegas catequistas a preparar materiais como: lápis, gravuras e outros para o uso comum.
- *Cada idade tem exigências e necessidades*: considerando-se os diferentes interesses, os encaminhamentos propostos em cada temática, para cada faixa etária e etapa específica de catequese, contam com sugestões que visam atender as necessidades e exigências que lhe são próprias. Por isso, cabe ao catequista a tarefa de estudar e adaptar os encontros de acordo com os objetivos da catequese de sua comunidade e da etapa (faixa etária) com que trabalha.

Catequista, desejamos que os seus encontros sejam sementes de fraternidade e momentos fortes de experiência de Deus.

1

QUEM SOU EU? QUEM SOMOS NÓS?

RECURSOS

- Bíblia, vela.
- Folhas de sulfite, uma para cada crismando.
- Uma tarja de papel grande, para colar as camisetas na dinâmica.

INTERAGINDO

- Realizar este encontro inicial de forma celebrativa.
- Durante a celebração será realizada a "dinâmica do barco".
- Dialogar com os crismandos sobre os objetivos/motivos que os trouxeram para participar da preparação da Crisma.
- Deixar falar e comentar: a Crisma é o sinal do compromisso do cristão com a sua comunidade, reafirmando sua adesão à Igreja e exigindo-lhe uma decisão pessoal.
- Pedir para que reflitam e escrevam no livro quais são os objetivos que desejam atingir nesta caminhada que farão juntos.

ILUMINANDO NOSSA VIDA

- É bom conversar e preparar a caminhada. Por isso, juntos, vamos celebrar a presença de cada um na formação deste grupo de crismandos.

CELEBRANDO NOSSO ENCONTRO

- Acolhida:
  - Vamos cantar:

  'Juntos como irmãos, membros da Igreja, vamos caminhando, vamos caminhando, juntos como irmãos, ao encontro do Senhor!'

  (KOLLING, Ir. Míria T. et al. **Cantos e orações**: para a liturgia da missa, celebrações e encontros. Petrópolis: Vozes, 2004).

  - Olhemos uns para os outros. Saudemos os nossos colegas, acolhendo-os dizendo seu nome e de onde vem, o que faz.

  Catequista: *Caríssimos crismandos, por que vocês desejam participar da preparação para a Crisma?*

  Crismandos: *Fomos batizados quando éramos crianças. Recebemos de nossos pais a vida, a educação, a cultura e a fé, para que pudéssemos participar da comunidade cristã desde pequenos. Agora, já não somos crianças e queremos participar da vida da Igreja com todo compromisso e responsabilidade. Para isso, pedimos a Crisma – o Sacramento que vai nos investir dos dons e da força do Espírito Santo.*

  Catequista: *Em nome da comunidade eclesial, nós acolhemos vocês, crismandos, e prometemos dar-lhes apoio, bom exemplo e acompanhamento litúrgico-pastoral. Que a vivência da fé em nossa comunidade se renove com o entusiasmo que vem de vocês. Unidos pelo amor a Deus, façamos o Sinal da Cruz, um na testa do outro, dizendo juntos: em nome do Pai e do Filho e do Espírito Santo. Amém.*

- **Leitor 1:** *Vamos acolher a Palavra de Deus, fundamento e luz para a nossa vida de cristãos no mundo de hoje, cantando:*

  'Vai falar no Evangelho, Jesus Cristo, aleluia! Sua Palavra é alimento, que dá vida, aleluia!'

  (KOLLING, Ir. Míria T. et al. **Cantos e orações**: para a liturgia da missa, celebrações e encontros. Petrópolis: Vozes, 2004).

- Ler: Lc 6,12-16.
- Cantar:

    '1. *Quando chamaste os doze primeiros pra te seguir, sei que chamavas todos os que haviam de vir.*

    Tua voz me fez refletir. Deixei tudo pra te seguir: nos teus mares eu quero navegar!

    2. Quando enviaste os doze primeiros: "Ide e ensinai!" Sei que pedias a todos nós: "Evangelizai!"

    3. Quando enviaste os doze primeiros de dois em dois, sei que enviavas todos os que viessem depois!'

    (KOLLING, Ir. Míria T. et al. **Cantos e orações**: para a liturgia da missa, celebrações e encontros. Petrópolis: Vozes, 2004).

Catequista: *Assim como Jesus chamou os apóstolos, chama você, crismando, a participar da vida da Igreja, conhecer e vivenciar a liturgia e os trabalhos sociais e pastorais de nossa comunidade.*

- IMPULSIONADOS PELO ESPÍRITO
    - Orientar os crismandos na confecção da dobradura do barco. Depois que estiver pronto, comentar:

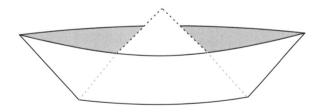

Catequista: Cada um de vocês confeccionou um barco. Agora, vamos imaginar que com ele faremos uma viagem, o período de nossa preparação para a Crisma. Nessa viagem, seremos guiados por Deus, o capitão; por Jesus, o timoneiro; e pelo Espírito Santo, a força que impulsionará o barco.

Durante este período, vamos encontrar dificuldades que precisam ser resolvidas.

Vamos refletir:

1. Qual seria a primeira dificuldade que imaginamos encontrar?

   (Rasgar a ponta direita do barco).

2. Qual seria a segunda dificuldade?

   (Rasgar a ponta esquerda do barco).

3. Qual seria a terceira dificuldade?

   (Rasgar a ponta superior do barco).

Catequista: *Vamos olhar o barco sem estas três partes e refletir sobre as suas condições para prosseguir viagem. Pode afundar?*

- Refletir: Deus Pai, Deus Filho e Deus Espírito Santo não nos abandonam. Estão sempre presentes em nossas vidas, nos fortalecendo e animando na caminhada.

Catequista: Vamos abrir a folha e observar:

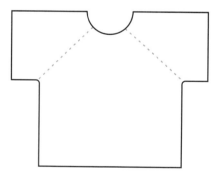

- Comentar e conversar:
  - É por causa da fé em Jesus Cristo e na sua Igreja que procuramos a nossa comunidade.
  - Como sinal de que desejamos viver plenamente esta fé e participar da construção do Reino, formando o time de Cristo, vamos escrever nosso nome na camiseta e colar na tarja de papel (cf. Recursos).

- Acolhidos na Igreja, como catequizandos em preparação à Crisma, assumimos o compromisso de sermos membros ativos desta Igreja de Jesus Cristo, participando mais da vida da comunidade e dos encontros.
- Professemos, juntos, a oração do CREDO.

PARA O PRÓXIMO ENCONTRO

- Solicitar que os crismandos conversem com seus familiares sobre como percebem o desenvolvimento de sua vida de fé.

2

"EU LHES DAREI O MEU ESPÍRITO"
(Jo 15,26)

RECURSOS

- Bíblia.
- Vela.
- Fichas de 10 x 15cm, uma para cada crismando.
- Cartaz com o texto de Jo 15,26-27. Cuidar para que o cartaz seja grande o bastante para que os crismandos possam colar suas fichas ao redor do texto.

INTERAGINDO

- Expor o cartaz com o texto de Jo 15,26-27, e convidar os crismandos para lerem juntos.
- Explicar e conversar:

  Jesus fez uma promessa aos seus discípulos, de lhes enviar o seu Espírito, que hoje é direcionado a cada um de nós. É o Espírito de Deus que nos fortalece em nosso testemunho da fé que professamos, da fé que assumimos em nosso Batismo e que, neste ano, vamos confirmar.

- Motivar os crismandos para que, em duplas, conversem sobre:
  - O que vieram fazer aqui?
  - Por que querem ser crismados?

- O que esperam deste ano de preparação para receber o Sacramento da Crisma? Qual o seu propósito?

- Encaminhar para responder a atividade 1 no livro do crismando.

- Convidar para que escolham uma palavra que expresse/ signifique a sua resposta, escrevendo-a na ficha, que deverá ser entregue a cada crismando.

- Depois, completar o cartaz com um quadro de compromissos, colando as fichas com as palavras dos crismandos ao redor da citação bíblica.

ILUMINANDO NOSSA VIDA

- Ler o quadro de compromissos e conversar sobre o sentido da caminhada deste ano, de Catequese Crismal.

- Comentar:
  - A palavra CRISMA vem do grego '*Christós*', que significa unção, ungindo: ungido com o óleo para uma missão.
  - Conforme o Antigo Testamento, o óleo era usado pelo povo de Deus como alimento, remédio para as feridas, fortificante... Daí seu valor simbólico: representa a força, a santidade, a alegria que Deus dá ao seu ungido. Assim como o óleo fortifica, cura, impermeabiliza, nada deverá enfraquecer ou corromper o ungido. Sua vida deverá ser agradável ao Senhor como o perfume do óleo.
  - Assim também, é o significado do título atribuído a Jesus, o '*Cristo*', o '*Ungido de Deus*'.
  - Em Jesus se confirma a profecia de Isaías: "*... ungido pelo Espírito de Deus para uma missão...*" (Is 61,1s).

- Ler Lc 4,14-21 e conversar sobre:
  - Qual foi a missão de Jesus?

- Qual é a missão que cada um de nós vem buscar, procurando e pedindo a Crisma, a unção com o Óleo?

- Explorar, no decorrer das reflexões, os textos e atividades propostos no livro do crismando.

NOSSO COMPROMISSO

- Comentar:
  - A unção com o Óleo do Crisma é o sinal concreto de nosso comprometimento com a comunidade em que vivemos. Este compromisso exige uma decisão pessoal, uma adesão ao Projeto do Reino de Deus e sua construção no meio de nós.
  - Para tornar tudo isto mais claro é que cada um aceitou o chamado do Senhor e está aqui, porque quer preparar-se para o Sacramento, para ser testemunha de Cristo.
  - Este compromisso tem duas exigências primeiras:
    - Participar ativamente das celebrações litúrgicas da comunidade.
    - Assiduidade nos encontros de preparação à Crisma.

- Partilhar a palavra que cada um colocou no painel e assumi-la como sinal de seu compromisso.

CELEBRANDO NOSSO ENCONTRO

- Encaminhar, motivando para:
  - Cantar o refrão: 'Vem, Espírito Santo, vem, vem, iluminar!', ou outro.
  - Ler Jo 14,26.

- Fazer orações espontâneas pela perseverança de cada um na caminhada de preparação à Crisma. Após cada oração, cantar o refrão.

Catequista: *Peçamos a Deus a 'força do alto', para que possamos aprender e recordar sempre os seus ensinamentos e sermos continuadores da missão de Jesus. Rezemos o Pai Nosso, de mãos dadas, para simbolizar a unidade do nosso grupo de catequese.*

PARA O PRÓXIMO ENCONTRO

- Conversar com a família e pesquisar sobre as características das pessoas que têm fé e que a testemunham.
- Observar as atitudes que contribuem e as que atrapalham o crescimento na fé.

3

CHAMADOS A CRESCER NA FÉ

RECURSOS

- Bíblia.
- 3 copos de água.
- 3 comprimidos efervescentes.
- Folhas com os cantos propostos ou outros adequados à sua realidade.

INTERAGINDO

- Explorar o que os crismandos entendem por fé, como a conceituam, quem são os exemplos de fé para eles.
- Pode-se organizar uma dinâmica dividindo-os em 2 grupos, para realizar um bate-volta: o grupo 1 diz uma atitude que representa a falta de fé e de vivência dos princípios do Evangelho: 'não ter fé é ....'; e, o grupo 2 responde, apresentando uma atitude de vivência da fé pelo exercício dos princípios do Evangelho: 'ter fé é ....'.
  - Veja os exemplos: - 'não ter fé é agir com egoísmo';
    - 'ter fé é pensar no próximo'.
- É importante que o catequista fique atento e, depois, reflita com o grupo a validade das atitudes que citaram: se algumas são preconceituosas, excludentes e de julgamento. Ressaltar que a vivência da fé pressupõe a prática dos valores do

Evangelho, mas que algumas pessoas podem possuir uma fé em desenvolvimento e, por isso, precisam ser motivadas a crescer na fé, para viver e praticar os valores do Evangelho.

ILUMINANDO NOSSA VIDA

- Explorar o texto do livro do crismando e comentar:
  - Durante muito tempo, as pessoas eram crismadas na infância e, por isso, talvez não se lembrem de atitudes concretas de mudança e crescimento na fé, ou de maior compromisso e participação na vida da Igreja. Ainda não havia a preocupação de o crismando ter consciência do Sacramento, e nem de questionar sobre sua vida de fé em Jesus Cristo, e a consequente missão na comunidade e no mundo.
- Questionar:
  - E, vocês? O que pensam sobre isso: seria melhor terem sido crismados na infância ou tem mais sentido fazê-la agora, que vocês são maiores e mais responsáveis?
- Comentar:
  - As mudanças em relação a esta questão começaram a acontecer no Concílio Vaticano II, realizado no início dos anos de 1960. Foi, como o Pentecostes na Igreja Nascente, uma oportunidade de a Igreja retomar a consciência sobre o que é ser cristão no mundo atual.
  - De uma Igreja mais preocupada com a hierarquia e com a obediência a leis e normas, passou-se para uma nova percepção: como ser Igreja no mundo e para o mundo, uma Igreja Povo de Deus, onde todos os batizados em Cristo, pastores e fiéis, são testemunhas e anunciadores do Reino de Deus, cada qual segundo sua vocação e responsabilidade.

- A Igreja, nos diz São Paulo, é comparada a um corpo, cuja cabeça é Cristo e os membros são todos os cristãos. Unidos em Cristo, em uma verdadeira comunidade, os cristãos continuam a sua ação redentora no mundo. É por isso que a Igreja é chamada 'Sacramento', ou seja, 'sinal da salvação para o mundo'.
- Olhando as realidades do mundo, marcado por mudanças radicais e muito rápidas em todas as esferas da vida humana, a Igreja percebeu a necessidade de repensar o papel do cristão leigo em nossas sociedades nestes novos tempos:

"O apostolado dos leigos é a participação na própria missão salvífica da Igreja. A este apostolado, todos são destinados pelo próprio Senhor através do Batismo e da Confirmação. Os leigos são especialmente chamados para tornarem a Igreja presente e atuante naqueles lugares e circunstâncias onde, apenas através deles, ela pode chegar como sal da terra." (LG, n. 33)

- Para responder a essa missão, o cristão leigo precisa ser preparado, orientado, valorizado e apoiado por seus párocos e bispos na sua atuação cristianizadora na sociedade, nos próprios lugares onde vive e age: na família, na escola, no trabalho, na política, no lazer... cada um conforme sua vocação e dons específicos.
- Em vista disso, muita coisa mudou! Entre essas mudanças, a Crisma passou a ser um Sacramento de pessoas (jovens, adultos...) mais conscientes e amadurecidas na fé recebida no Batismo. Alia-se a isto a possibilidade de preparar-se de forma mais longa e aprofundada para uma adesão pessoal a Cristo e à missão, através do engajamento na comunidade. Trata-se de Crisma para valer, para que os crismandos se tornem ferramentas de transformação da sociedade!

• Explorar a fé em diferentes perspectivas: confiança em Deus, prova de fé, esperança de um mundo melhor, na Palavra de Cristo. Para isso, realizar com os crismandos as atividades 2 e 3 do livro.

NOSSO COMPROMISSO

- Comentar:
  - A Crisma é o Sacramento que confirma nossa adesão a Cristo e a consequente responsabilidade na construção do Reino de Deus, assumindo uma fé comprometida com a Igreja, o que pode parecer impossível para cada um agora. Por outro lado, também não significa dizer que alguém está pronto para isso só pela idade que possui, pois o amadurecimento na fé depende de muitos fatores: das disposições interiores de cada crismando, dos valores que cultiva, de suas atitudes, da convivência familiar e com os colegas, da vivência cristã comunitária.

- Reunir os crismandos em grupos e refletir (atividade 4):
  - Atitudes que contribuem para o crescimento na fé.
  - Atitudes que atrapalham nosso crescimento na fé.

- Orientar para que em um primeiro momento reflitam individualmente e, depois, com o grupo, preparem uma conclusão para cada situação.

- Promover um debate a partir das conclusões dos grupos.

- Explorar o texto no livro do crismando e solicitar que pensem (individualmente e em silêncio) nas duas perguntas de compromisso. As respostas serão solicitadas no momento do '*celebrando nosso encontro*'.

CELEBRANDO NOSSO ENCONTRO

- Fazer a leitura de Mt 14,22-33: "*... homem de pouca fé, por que duvidaste?*"
- Relacionar o processo de amadurecimento na fé com o exemplo de Pedro neste Evangelho e com a dinâmica a seguir:
  - Encher três copos com água.

- Colocar um comprimido efervescente – sem retirá-lo do envelope /embalagem – ao lado do primeiro copo.
- No segundo, colocar o comprimido – ainda no envelope - dentro da água.
- E, no terceiro, tirar o comprimido do envelope e colocá-lo na água. Aguardar a reação. (cf. Catecriando, p. 70. Adaptação).

- Questionar:
  - O que aconteceu em cada situação?
  - O que significa cada uma das três situações?
  - O que representam para nós?

- Comentar:
  - Primeiro copo: representa aquele cristão que fica à margem de sua comunidade; não se envolve; não quer saber...
  - Segundo copo: representa aquele cristão que até participa, mas de forma puramente externa, sem envolvimento; cumpre a 'obrigação'...
  - Terceiro copo: representa o cristão que assume sua fé de forma total; é membro ativo de sua comunidade; é 'um com todos'; 'mistura-se'; responsabiliza-se; compromete-se; é 'sal, luz e fermento' na comunidade.

- Convidar para completar as 2 perguntas do *nosso compromisso*.
- Seguir o roteiro proposto no livro do crismando.
- Convidar para rezar juntos:

Leitor 1: *Por todos os cristãos que ficam à margem de sua comunidade e não se envolvem com ela, peçamos:*

Todos: *Senhor, desperta em seus corações o desejo de crescer na fé.*

Leitor 2: *Por todos aqueles que participam sem envolvimento e compromisso, apenas cumprindo a 'obrigação', peçamos:*

Todos: *Senhor, desperta em seus corações o desejo de ser luz no mundo, testemunhando sua adesão a Jesus com palavras e obras.*

Leitor 3: *Por todos os cristãos que assumem a sua fé como membros comprometidos na comunidade, peçamos:*

Todos: *Senhor, dá-lhes a força especial do Espírito Santo, para que se mantenham firmes no testemunho de Cristo.*

PARA O PRÓXIMO ENCONTRO

- Solicitar:
  - Trazer fotos do seu Batismo.
  - Observar que tipo (padrão) de adulto a nossa sociedade exige e que é projetado pelos meios de comunicação social: TV, revistas, classificados para empregos etc.
  - Recortar figuras de modelos profissionais para organizar um painel.

4

CRISMA: SACRAMENTO DA MATURIDADE CRISTÃ

RECURSOS

- Papel Kraft para painel.
- Gravuras de modelos profissionais apresentados em revistas e jornais, para organizar o painel.
- Cola, tesoura, pincéis atômicos e materiais diversos para decorar o painel.
- Bíblia.
- Fotos do Batismo de cada crismando.

INTERAGINDO

- Valorizar e explorar as gravuras trazidas pelos crismandos.
- Propor a leitura do livro do crismando e a realização das atividades 1 e 2 .
- Realizar a exposição/apresentação das histórias, valorizando e analisando em grupos os aspectos marcantes e de testemunho da vivência comunitária da fé.
- Explorar o processo de amadurecimento e crescimento na fé, as palavras-chave que os crismandos relacionaram com as atitudes.

ILUMINANDO NOSSA VIDA

- Organizar um trabalho em mutirão para a montagem do painel, utilizando as gravuras que os crismandos trouxeram sobre o tipo (padrão) de adulto divulgado nos meios de comunicação. Motivá-los a escolherem um título para o painel.

- Motivar para uma experiência contemplativa, silenciosa, a partir do painel: comparar os 'retratos' estereotipados de adultos com aquilo que cada um almeja para si mesmo.

- Após o silêncio, motivar para que exponham o que sentiram, como perceberam as gravuras e como se percebem a si mesmos: entre o 'real' e a 'imagem' produzida, estereotipada, que discrimina, marginaliza, oprime aqueles que estão 'fora do padrão' de beleza, de corpo, de riqueza, de cor...

- Questionar e conversar, de acordo com a proposta do livro:
  - Dentre as características observadas, quais delas representam necessidades e quais são dispensáveis? O que contribui para a maturidade?
  - Os modelos de comportamento influenciam ou não no desenvolvimento da maturidade? Como?
  - Nesse contexto, como o adolescente, o jovem, o adulto podem ser testemunhas da mensagem de Jesus?

- Realizar a atividade 4 do livro do crismando.

- Solicitar que os crismandos mostrem as fotos que trouxeram do seu Batismo.

- Conversar sobre o Batismo, deixando que eles falem de seus padrinhos, onde foram batizados.

- Comentar:
  - *"Há uma unidade íntima entre os Sacramentos do Batismo e da Crisma, de forma que não se pode compreender o segundo independente do primeiro. O Batismo pede a*

Crisma, embora já tenha o seu significado; a Crisma exige, como pré-requisito, o Batismo. Originalmente, ambos constituíam uma unidade por seu próprio sentido: participação no mistério pascal de Cristo." (Estudos da CNBB 61, n. 19)

- O Sacramento da Crisma ou Confirmação conferido na adolescência, juventude ou começo da idade adulta, por motivos pastorais, significa uma confirmação da fé batismal. O cristão, fortalecido pelo dom do Espírito Santo que recebe no Sacramento, assume consciente, esclarecida, coerente e generosamente, de modo pessoal e comunitário, as exigências do Batismo, em um compromisso adulto com a comunidade eclesial, presidida pelo Bispo que confere o Sacramento. (cf. CR, n. 249)

- A maturidade não é algo de que se pode precisar sua plenitude. Amadurecemos sempre e continuamente, a cada nova situação, desafio, e em níveis e aspectos diferentes: intelectual, profissional, afetivo, biológico, físico-corporal, espiritual-religioso.

- Se tomarmos consciência de que estamos *'em crescimento'*, de que sempre podemos desenvolver mais e aprofundar determinados aspectos de nossa personalidade, isto nos ajudaria a aproveitar e criar situações novas para melhorar sempre mais a nossa vida e a de nossos semelhantes.

- Ressaltamos, neste tema, o amadurecimento na fé. À medida que uma pessoa vivencia sua fé no cotidiano, vai crescendo e aprofundando sua espiritualidade, mostrando nas suas atitudes concretas que os objetivos maiores que a orientam perpassam o amor a Deus e ao próximo.

- Esta fé consciente e vivida pode ajudar a pessoa a crescer com equilíbrio e harmonia em todos os demais aspectos e atributos de sua personalidade, dando-lhe um sentido novo: *'crescer para servir'*.

NOSSO COMPROMISSO

- Explorar que o ser humano, no seu desenvolvimento, passa por períodos de amadurecimento próprios de cada idade e cultura, envolvendo as suas diversas dimensões: dimensão física (corpo); dimensão cognitiva (inteligência); dimensão afetiva (emoção); dimensão volitiva (vontade); dimensão social (sociabilidade); dimensão religiosa (religiosidade, fé, espiritualidade). (cf. GIL, 2001:53-57 – nestas páginas há uma explicação em detalhes sobre estas dimensões).

- Para explorar essas dimensões, propomos realizar com os crismandos a construção de um quadro de análise pessoal, para que identifiquem a sua evolução e desenvolvimento nas diferentes dimensões. Por Exemplo:

Dimensões	Aspectos desenvolvidos	Aspectos que preciso desenvolver
Física		
Cognitiva		
Afetiva		
Volitiva		
Social		
Religiosa		

- Fazer uma avaliação de como vai o crescimento integral de cada um, rumo à maturidade, refletindo sobre:
  - Qual é o aspecto do meu crescimento em que me sinto mais desenvolvido e menos desenvolvido?
  - O que posso fazer de concreto para melhorar os aspectos menos desenvolvidos?

- Convidar para trabalhar a proposta do *nosso compromisso* no livro do crismando. Após esse trabalho, comentar:

EU LHES DAREI O MEU ESPÍRITO

- *"Ter fé significa colher nas coisas, acontecimentos e pessoas, o apelo de Deus que oferece sua Aliança de comunhão em Cristo. Longe de se identificar com uma ideologia, a fé cristã é adesão à pessoa de Jesus Cristo, à sua mensagem de libertação e salvação; ela tem uma tarefa crítica e profética diante das situações contingentes da história. Não consiste apenas em adesão a um credo ou princípios morais, mas também e principalmente em atitudes, ou seja, na adesão a Deus e a seu plano de salvação e no compromisso com os irmãos, incluindo a responsabilidade social. Uma fé pessoal e adulta é operante e constantemente confrontada com os desafios de nossa realidade. É uma fé animada pela caridade (cf. Gl 4,6; 1Jo 4,7-21) e está presente no compromisso social como motivação, iluminação e perspectiva teológica, que dá sentido integral aos valores da dignidade humana."* (CR, n. 248)

- Concluir:

  - Esta avaliação nos possibilita uma visão de como vai nosso crescimento e sugestões para corrigir e torná-lo mais harmonioso e integral, fazendo-nos pessoas equilibradas e felizes. Cada um deve cuidar dos meios de levar uma vida plena, assumindo a sugestão que melhor lhe serve.

CELEBRANDO NOSSO ENCONTRO

- Convidar para ficar em círculo e ler alguns textos que podem iluminar o momento que estão vivendo: um grupo de crismandos dispostos a assumir sua fé e sua missão a partir de um sinal concreto, o Sacramento da Crisma, Sacramento da maturidade na fé.

- Distribuir os textos e explicar que, por meio deles, podemos comparar algumas etapas da vida de Jesus com a nossa - do ponto de vista humano e espiritual.

- **1º leitor: Lc 2,21-22.**

  - *O que o texto fala sobre Jesus?*

  - <u>Ouvir e completar:</u> Jesus, recém-nascido de oito dias, é circuncidado e recebe o nome, conforme a Lei de Moisés. Depois, é apresentado ao Templo e consagrado ao Senhor. Estes ritos são sinais de pertença ao povo de Israel, ao povo de Deus.

  - *O que aconteceu conosco, recém-nascidos?*

  - <u>Ouvir e sintetizar:</u> nossos pais nos registraram e nos levaram à Igreja, para o Batismo, significando nossa pertença à família-povo e à comunidade, à Igreja - povo de Deus.

- **2º leitor: Lc 2,39-40.**

  - *O texto fala do crescimento em três aspectos... Quais são?*

  - <u>Ouvir e retomar:</u> crescia no corpo, no físico; na inteligência, na sabedoria das coisas; na graça de Deus, na espiritualidade. Certamente, cuidado por José e Maria.

  - *O que aconteceu conosco desde o nascimento até os 7-10 anos?*

  - <u>Ouvir e comentar:</u> fomos cuidados por nossos pais ou por outras pessoas e crescemos no corpo, no espírito e na fé.

- **3º leitor: Lc 2,42-52.**

  - *O que este texto mostra sobre Jesus?*

  - <u>Ouvir e concluir:</u> aos 12 anos, Jesus vai pela primeira vez à festa da Páscoa em Jerusalém, dando início à sua participação na vida religiosa do seu povo. Já é um adolescente e entende mais da religião. Fica no Templo com os doutores e, diante da aflição dos pais, diz: *"... devo estar na casa de meu Pai"*. Jesus já vislumbra a vocação que recebeu de Deus... Mas, volta com seus pais: é menor e continua crescendo, na obediência aos pais.

- *E nós, quando começamos a compreender um pouco mais sobre a vida da nossa Igreja e a participar ativamente de sua liturgia?*
- Ouvir e concluir: quando, entre os 9 e 12 anos de idade, participamos da Catequese e fizemos a Confissão e a Comunhão. A partir daí, começamos a participar da principal celebração litúrgica de nossa comunidade: a Missa.

- **4º leitor: Mc 6,1-13.**
  - Este texto menciona alguma coisa sobre a vida familiar e profissional de Jesus, desde a adolescência até a época em que, já adulto, apresentou-se publicamente a seu povo.
  - *Qual a profissão de Jesus? Onde e com quem morava?*
  - *E vocês, o que fizeram, como e com quem conviveram desde os 12 anos até agora?*
  - Ouvir algumas experiências pessoais e partilhar também a sua.

- **5º leitor: Mc 1,2-15.**
  - No texto sobre o Batismo de Jesus por João, Deus expressa o seu amor por Jesus, "... *seu filho amado, do seu agrado...*", e a manifestação do Espírito Santo, em forma de pomba, impele Jesus a iniciar sua missão de anunciador do Reino de Deus. Mas, antes de começar, Jesus se prepara no deserto e depois inicia suas pregações.
  - O Batismo de João era uma celebração que significava a conversão dos pecadores e a disposição em aderir ao Reino de Deus que o Messias, o Cristo, Filho de Deus, viria instaurar no meio dos homens.
  - Qual o significado do Batismo dado por João a Jesus?
  - *Na nossa vida de cristãos, hoje, qual é a celebração que marca e indica o início de nossa opção consciente de anunciadores e construtores do Reino?*
  - Ouvir e concluir: a Crisma, o Sacramento da maturidade na fé, é administrada àqueles adolescentes, jovens e adultos que já têm condições de viver e confessar publicamente

sua escolha por Deus, pelo Reino, pelo Evangelho. João Batista dizia: *"Eu batizei vocês com água, mas ele batizará vocês com o Espírito Santo"*.

- **6º leitor: Mc 1,16-20.**
  - *Chamando os quatro primeiros discípulos, Jesus diz logo qual seria o trabalho deles? Qual?*
  - <u>Ouvir e completar</u>: *'continuar pescadores, mas de homens...'*. É a mesma missão de Jesus: revelar o Reino de Deus – reino de fraternidade, bem diferente do que acontecia naquele *'mundo judeu e romano'*!
  - Simão, André, Tiago e João. Eles deixaram tudo e seguiram Jesus.
  - *Vocês se sentem prontos e decididos a seguir o caminho de Cristo, isto é, a ser hoje 'outro Cristo', um cristão, sinal de redenção na nossa sociedade injusta, corrupta e opressora?*
  - <u>Ouvir e comentar:</u> no Batismo de Jesus e no nosso Batismo, Deus manifestou seu amor de Pai, marcando-nos como seus filhos queridos. O Espírito Santo impeliu Jesus para sua missão redentora no meio dos homens. E nós, pela Crisma, seremos marcados e ungidos pelo mesmo Espírito Santo, que nos revestirá de sua luz e de sua força para sermos fiéis à nossa missão de cristãos.
  - Como filhos de Deus, vamos dizer juntos: *Pai, que se realize o teu Reino no meio de nós e que façamos tua santa vontade. Pai Nosso...*

PARA O PRÓXIMO ENCONTRO

- Pedir aos crismandos que procurem se informar sobre julgamentos. Lembrar que, nestes casos, as testemunhas são muito importantes. Procurar saber de casos verdadeiros ou de filmes, para conversar no próximo encontro.

5

"SEREIS MINHAS TESTEMUNHAS"
(At 1,8)

RECURSOS

- Bíblia, vela, fósforos.
- Cartolinas e pincéis atômicos para 4 grupos.

INTERAGINDO

- Explorar o tema a partir do que conhecem sobre os apóstolos, questionando-os:
  - Como se prepararam para continuar a missão de Jesus?
  - Quando Jesus foi preso, qual a reação dos apóstolos?

- Conversar sobre o que acontece quando, em nosso grupo de amigos, alguém é acusado de alguma coisa:
  - Qual a nossa reação? Que tipos de conversas *rolam* entre os grupos sobre a pessoa? São muitas ou poucas as pessoas que a defendem?

ILUMINANDO NOSSA VIDA

- Os apóstolos foram as primeiras testemunhas de Cristo. Reconheceram e proclamaram em público que Jesus de Nazaré, morto pelas autoridades, estava vivo, ressuscitado pelo poder de Deus, que o tornou Senhor e Cristo.

- Motivar para fazerem, juntos, um *'mergulho'* na experiência dos apóstolos com Jesus, através do trabalho em grupos, com base nos textos bíblicos (atividade 1).

- Solicitar aos grupos que leiam os textos indicados e preparem um cartaz, para apresentar aos demais, sobre a caminhada dos apóstolos na sua experiência de se tornarem testemunhas de Jesus.

  - **Grupo 1: Mt 16,21-23; 17,22-23; Lc 18,31-34.**

    - ✓ Os apóstolos acompanharam Jesus por uns três anos. Ouviram as suas pregações, aprenderam com ele, viram seus *'milagres'*, mas não compreenderam o anúncio de sua paixão e ressurreição.

  - **Grupo 2: Mc 14,50-52; Jo 20,19.**

    - ✓ Depois de tudo que aconteceu a Jesus, sua prisão e crucificação, o medo tomou conta dos apóstolos e estes se esconderam, a portas fechadas: o pavor, o fracasso, o vazio, a desesperança, o escândalo da cruz, a decepção com o *'Messias'* assassinado, condenado como perigoso, subversivo...! E eles, os amigos, seus *'cúmplices'*! Era o fim, era a morte!

  - **Grupo 3: Lc 24,11.15-16.21-24.36-43; Mc 16,9-11; Jo 20,25; Jo 21,4; Mt 28,5-8; 1Cor 15,3-8.**

    - ✓ Na sua tristeza, os apóstolos nem se lembraram da ressurreição predita por Jesus e, mesmo diante de sua manifestação, duvidaram, não o reconheceram logo... Mas, eles fizeram a experiência do Cristo Ressuscitado!

  - **Grupo 4: At 2,1-21.32-36.**

    - ✓ Apesar dos muitos contatos com Jesus Ressuscitado, os apóstolos não conseguiam superar todo o medo e esqueciam suas promessas: da ressurreição e do Espírito Santo.

- Um fato novo veio transformar a vida daqueles apóstolos – medrosos, tristes, inseguros, tímidos e duvidosos – em '*testemunhas*' corajosas, inspiradas, de fé inabalável, sem medo dos chefes judeus e até denunciadores dos assassinos de Jesus: a vinda do Espírito Santo, na festa de Pentecostes, a partir da qual, aquela Igreja, nascida da Páscoa de Jesus, sua morte e ressurreição, se firmou, cresceu e começou a agir e a expandir-se.

- Após a reflexão sobre os textos bíblicos, solicitar que os crismandos apresentem suas pesquisas, deixando-os comentar sobre elas. Incentivar o debate, falando sobre o juramento de dizer a verdade, sobre os casos em que se faz necessário pedir proteção de vida.

- Esclarecer os conceitos:
    - Testemunhar: dar testemunho acerca de algo ou alguém; declarar ter visto, ouvido ou conhecido; confirmar; comprovar.
    - Testemunha: pessoa chamada a assistir atos autênticos ou solenes; pessoa que viu ou ouviu alguma coisa e que é chamada a depor sobre o que viu ou ouviu.

- Questionar:
    - Por que algumas pessoas têm medo de testemunhar um fato que viram e/ou ouviram? [Medo de se expor, de represália, vingança, vergonha etc.].
    - Comparar essas atitudes com as atitudes que os crismandos comentaram no '*interagindo*'.
    - Realizar a atividade 2.

NOSSO COMPROMISSO

- Os apóstolos, confirmados pela força do Espírito Santo, testemunharam o que viram e ouviram e muitos creram no seu testemunho, sem ter visto, ouvido ou conhecido Jesus.

- As gerações dos cristãos, que se seguiram até nós, creram pelo testemunho de outros cristãos. Todos recebemos de Deus o dom da fé, que celebramos no Batismo. Mas, começamos a expressá-la junto com nossos pais, catequistas, outras pessoas ligadas a nós e na Comunidade-Igreja a que pertencemos.

- Comentar: vocês, agora, pelo Sacramento da Crisma ou Confirmação, são chamados a testemunhar publicamente, por si, que creem em Jesus Cristo e que escolhem viver o Evangelho como meio de salvação e transformação da sociedade. Para serem fiéis e perseverantes, os crismandos são investidos de uma *'força do alto'*, do Auxiliador, o Espírito Santo. É um novo Pentecostes acontecendo na vida de cada crismado: o Espírito Santo o torna combatente do Reino de Deus, sinal e testemunha de Cristo, enviado ao mundo para a santificação dos homens.

- Convidá-los a compartilhar o que cada um entende sobre a fé cristã que possui e indicar sugestões concretas de como professá-la e testemunhá-la.

- Questionar:
  - Como podemos dar testemunho verdadeiro e convincente de Jesus Cristo, hoje, no ambiente em que vivemos?

- Motivar a reflexão.

CELEBRANDO NOSSO ENCONTRO

- O catequista comenta e motiva:
  - Vamos lembrar que Maria, Mãe de Jesus, estava no Cenáculo com aquele primeiro grupo de cristãos, refletindo, rezando e implorando luzes. Vamos cantar, pedindo a sua proteção (canto mariano, a critério do catequista).
  - Crer em Jesus Cristo e no seu Evangelho é a verdade central de nossa fé. A partir das pregações e cartas dos apóstolos, de São Paulo, dos evangelistas e de outros

missionários da Igreja Nascente foi elaborada uma síntese das verdades aceitas e professadas pelos cristãos: é o *'CREDO ou CREIO'*, chamado de *'Símbolo dos Apóstolos'*. Esta primeira fórmula foi atribuída aos Apóstolos, não escrita por eles.

- Convidá-los para rezar o Credo, pausadamente, destacando cada verdade em que a Igreja acredita e professa (atividade 3). Então, como sinal de nossa fé, vamos acender a vela e rezar: *'Creio em Deus Pai todo-poderoso... '*

- Depois, cada um, espontaneamente, pode fazer uma oração pedindo ao Espírito Santo que o ajude a ser testemunha de Jesus. Após cada oração, todos rezam ou cantam o refrão: *'Vem, Espírito Santo, vem, vem iluminar!'* (KOLLING, Ir. Míria T. et al. **Cantos e orações**: para a liturgia da missa, celebrações e encontros. Petrópolis: Vozes, 2004).

PARA O PRÓXIMO ENCONTRO

- Trazer jornais e revistas com notícias do mundo atual.

6

FORTALECIDOS PELO ESPÍRITO SANTO

RECURSOS

- Jornais, revistas, cola, tesoura.
- Papéis com os dons e os frutos do Espírito Santo.
- Uma imagem de Jesus.
- Papelógrafo.
- 7 velas e fósforos.

INTERAGINDO

- Confeccionar um painel com as manchetes que mais aparecem nos noticiários. Recortar, das revistas e jornais, reportagens que traduzem o momento em que estamos vivendo, que resumem a nossa realidade atual.
- Motivar os crismandos a comentarem sobre o painel: o que nós podemos perceber da realidade do mundo atual através das manchetes apresentadas pelos meios de comunicação?
- Guardar o painel para o próximo momento.

ILUMINANDO NOSSA VIDA

- Comentar:
  - Não há Igreja sem o Espírito Santo. *"Ele é a alma desta mesma Igreja. É ele quem faz com que os fiéis possam entender os ensinamentos de Jesus e o seu mistério. Ele é aquele que, hoje ainda, como nos inícios da Igreja, age em cada um dos evangelizadores que se deixa possuir e conduzir por ele, e põe na sua boca as palavras que ele sozinho não poderia encontrar (...)"* (EN, n. 75).
  - *"Não é apenas através dos Sacramentos e dos ministérios que o Espírito Santo santifica e conduz o Povo de Deus e o orna de virtudes, mas, repartindo seus dons 'a cada um como lhe apraz'* (1Cor 12,11), *distribui entre os fiéis de qualquer classe mesmo graças especiais. Por elas os torna aptos e prontos a tomarem sobre si os vários trabalhos e ofícios, que contribuem para renovação e maior incremento da Igreja, segundo estas palavras: 'A cada um é dada a manifestação do Espírito para utilidade comum'* (1Cor 12,7) (...)" (LG, n. 33).
  - *"Impõe-se, pois a todos os cristãos o dever luminoso de colaborar para que a mensagem divina da salvação seja conhecida e acolhida por todos os homens em toda parte."* (AA, n. 1338).
  - *"Para exercerem tal apostolado, o Espírito Santo – que opera a santificação do povo de Deus através dos ministérios e dos Sacramentos – confere ainda dons peculiares aos fiéis* (cf. 1Cor 12,7), *'distribuindo-os a todos, um por um, conforme quer'* (1Cor 12,11), *de maneira que 'cada qual, segundo a graça que recebeu, também a ponha a serviço de outrem' e sejam eles próprios 'como bons dispensadores da graça multiforme de Deus'* (1Pd 4,10), *para a edificação de todo o corpo na caridade* (cf. Ef 4,16)." (AA, n. 1339).

- Solicitar para ler o texto bíblico 1Cor 12,4-11.

- Explicar e dialogar: pedir que os crismandos registrem no seu livro o que entenderam.
  - Os dons do Espírito Santo são disposições permanentes que nos tornam dóceis para nos deixarmos guiar por ele. É graça, porque nos ajuda a desempenhar bem nosso serviço na comunidade e a darmos testemunho dos ensinamentos de Jesus.
  - Os sete dons do Espírito Santo (cf. CIC, n. 1830-1831) são:
    1. Sabedoria: faz-nos conhecer Deus, os seus planos, a sua bondade, a sua misericórdia, o seu amor, fazendo-nos saborear as coisas de Deus (cf. 1Cor 2,6-13).
    2. Inteligência: dá-nos uma compreensão intuitiva, penetrante, das verdades reveladas contidas na Bíblia (cf. 1Pd 3, 15).
    3. Conselho: faz-nos julgar pronta e seguramente, por uma espécie de intuição sobrenatural, o que convém fazer, sobretudo nos casos difíceis (cf. Ef 5,15-17).
    4. Fortaleza: dá-nos a vontade, um impulso e uma energia que nos permite fazer ou sofrer, alegre e corajosamente, grandes coisas, apesar de todos os obstáculos (cf. Ef 6,10-20).
    5. Ciência: faz-nos conhecer as coisas criadas nas suas relações com Deus (cf. Ef 3,14-19).
    6. Piedade: produz em nossos corações uma afeição filial para com Deus, para nos fazer cumprir com santo fervor os nossos deveres religiosos (cf. 1Pd 2,4-5).
    7. Temor de Deus: afasta-nos do pecado, pois ele desagrada a Deus e nos faz esperar no poder do seu auxílio para superarmos as tentações (cf. Eclo 2,7-23).

- Comentar:
  - *"Os frutos do Espírito são perfeições que o Espírito Santo modela em nós como primícias da glória eterna. A tradição enumera doze: 'caridade, alegria, paz, paciência,*

longanimidade, bondade, benignidade, mansidão, fidelidade, modéstia, continência, castidade (Gl 5,22-23)." (CIC, n. 1832)

- Reportar-se ao painel com as notícias do mundo atual. No centro dele, colar a imagem de Jesus Cristo. Ao redor, pedir para os crismandos colocarem os papéis com os nomes dos dons e dos frutos do Espírito Santo.

- Pedir que todos observem em silêncio.

- Perguntar:

  - Como seria o mundo se todos estivessem abertos à ação do Espírito Santo de Deus? As notícias seriam as mesmas?

NOSSO COMPROMISSO

- Comentar:

  - *"O cristão recebe a unção (2Cor 1,21; Jo 2,20.27); é também um ungido. Pela Crisma somos ungidos no 'Ungido', como, pelo Batismo somos feitos filhos no Filho. O gesto simbólico da Crisma sublinha, pois, que o Espírito, como DOM, é conferido ao cristão em vista do seu seguimento de Jesus Cristo e da sua participação na missão da Igreja, cujas dimensões podem ser apresentadas da seguinte maneira:*

    - ✔ *ANÚNCIO (Diaconia): assumir a ação pastoral da Igreja a serviço do Reino de Deus;*

    - ✔ *SERVIÇO (Koinonia): promover a unidade, a fraternidade e a participação;*

    - ✔ *TESTEMUNHO (Martyria): testemunhar a fé através de uma vida cristã e da defesa da justiça em favor dos enfraquecidos e pobres;*

    - ✔ *CELEBRAÇÃO (Liturgia): celebrar o mistério de Cristo na vida da comunidade: Eucaristia, Sacramentos, festas litúrgicas, expressões de piedade popular." (Estudos da CNBB 61, n. 26)*

- Conversar sobre como o crismando pode assumir sua missão na família, comunidade, Igreja, sociedade...
- Solicitar para que registrem a resposta no livro.

CELEBRANDO NOSSO ENCONTRO

- Deixar o painel em destaque. Colocar as sete velas apagadas ao lado da Bíblia aberta.

- Catequista motiva: cada uma das velas representa um dom do Espírito Santo. Vamos rezar, pedindo a Deus os seus dons. [Acender uma vela após cada dom citado, até completar os sete dons].

- Após cada oração, cantar o refrão: *'Espírito, Espírito, que desce como fogo, vem como em Pentecostes e enche-me de novo.'* (KOLLING, Ir. Míria T. et al. **Cantos e orações**: para a liturgia da missa, celebrações e encontros. Petrópolis: Vozes, 2004).

PARA O PRÓXIMO ENCONTRO

- Pesquisar e trazer a história de algum 'mártir'.

- A palavra grega *'martyr'*, significa *'testemunha'*. Alguém que sofreu tormentos, torturas ou a morte por sustentar a fé cristã; ou por causa de suas crenças e opiniões; ou por um trabalho, experiência etc.

- Pesquisar, em livros ou ouvir das pessoas, uma história resumida desses santos cristãos ou líderes do povo – de ontem e de hoje.

- Procurar informar-se sobre os meios de comunicação usados nas diversas Igrejas cristãs – católica e outras – para anunciar e difundir, hoje, sua fé e doutrina religiosa. Recolha algum material usado: livros, revistas, panfletos, jornais, audiovisuais, cartazes... e datas e horários de programas de rádio, de televisão, e visitas ou catequese sistemática. Se for possível, trabalhe em equipe.

7

FIÉIS À MISSÃO DE JESUS

RECURSOS

- Bíblia.
- Cruz.
- Velas.
- Selecionar um vídeo sobre mártires, como: *'Dom Oscar Romero...'*
- Folha com cantos.
- Galhos secos, pedras, espinhos.
- 8 desenhos do contorno dos pés (pegadas), recortados em papel.

INTERAGINDO

- Conversar com os crismandos sobre as qualidades necessárias para ser um comunicador de Jesus: alguém que fala como as pessoas conseguem entender, utiliza os fatos do cotidiano, torna conhecido o Projeto de Deus.
- Motivar os crismandos para fazerem o bonito gesto da *'Caminhada da fé'*, uma procissão com velas, cantos, reflexões e orações, conforme sugestão a seguir:
- Procedimentos:
  - Confeccionar 8 desenhos do contorno dos pés, 'pegadas' (uma para cada grupo de crismandos). Anotar, em uma

das faces da 'pegada', os textos e as questões indicados para cada grupo; a outra face da 'pegada' pode ser ilustrada pelo próprio grupo, conforme o seu tema.

- Distribuir uma 'pegada' para cada grupo e motivar a atividade, conforme o roteiro que segue.

- Depois, convidar para iniciar a caminhada (prever um ambiente amplo ou ao ar livre, se possível), distribuindo as 'pegadas' e os símbolos no chão, conforme o texto. Cada grupo apresenta as suas conclusões em torno da 'pegada' que lhe corresponde.

- Entre uma 'pegada' e outra, cantar um refrão que expresse *'caminhada'*.

- Sugestão: *'E pelo mundo eu vou, cantando o teu amor, pois disponível estou para servir-te, Senhor!'* (KOLLING, Ir. Míria T. et al. **Cantos e orações**: para a liturgia da missa, celebrações e encontros. Petrópolis: Vozes, 2004).

- Roteiro para os grupos:
  - **GRUPO 1:**
    - ✓ **Textos:** At 2,41-47; 4,31-35; 5,12-16;9, 31.
    - ✓ **Tema:** Como viviam os primeiros cristãos?
      - São Lucas apresenta, no Livro dos Atos, vários retratos das primeiras comunidades cristãs, a começar pela de Jerusalém. Ele mostra 'quantidade' em números e 'qualidade' em atitudes de vida.
    - ✓ **Para refletir:**
      - Identificar nos textos a quantidade e as atitudes comunitárias dos primeiros cristãos.
      - Fazer um retrato real da vida de nossa comunidade cristã, hoje.
      - Escrever um recado ou conselho para a comunidade, falando sobre como ela pode melhorar e tornar-se bem semelhante àquelas primeiras comunidades da Igreja Nascente.

- **GRUPO 2:**
  - ✔ **Textos:** At 3,1-19; 4,1-22.
  - ✔ **Tema:** A cura do coxo em nome de Jesus.
    - Os textos mostram que as pregações dos apóstolos são comprovadas pelo poder de Deus que está com eles, através da cura dos doentes. Isso motiva a fé e a conversão de muitos, mas questiona e incomoda as autoridades judaicas.
  - ✔ **Para refletir:**
    - O que faz a gente ser 'coxo' na fé? Como podemos nos curar?
    - Pedro e João começaram a sentir dificuldades para exercer a sua missão. Quais foram? Como as superaram?
    - Nós, hoje, encontramos dificuldades semelhantes para falar de Jesus? Quais e como superá-las?

O que faz a gente ser 'coxo' na fé? Como podemos nos curar?

- **GRUPO 3:**
  - ✔ **Texto:** At 5,14-42.
  - ✔ **Tema:** A Igreja: um projeto de Deus e não dos homens.
    - Os apóstolos, apesar da proibição do Sinédrio, continuam a curar e a pregar em nome de Jesus. Novamente são presos e vão a julgamento. As autoridades estão confusas e irritadas.
  - ✔ **Para refletir:**
    - Qual é o 'teste' proposto por Gamaliel para provar se aquela Igreja e sua doutrina eram de Deus ou dos homens?
    - Por que a Igreja Cristã permaneceu e chegou até nós, depois de dois mil anos da morte de Jesus e de seus primeiros Apóstolos?

- Na atualidade, o número de católicos diminui, pois muitos mudam de igreja, indo para alguma das inúmeras religiões e seitas existentes. Muitos acham que a Igreja de Cristo pode acabar. E vocês, o que pensam disso?

- **GRUPO 4:**
  - ✔ **Textos:** At 6,1-12; 7,51-60.
  - ✔ **Tema:** Os 'diáconos', auxiliares dos Apóstolos, e Estêvão, o primeiro 'mártir'.
    - Como o número dos cristãos aumentou muito, foi necessário escolher alguns auxiliares para os apóstolos.
  - ✔ **Para refletir:**
    - Quais os nomes dos diáconos e o que justificou a sua escolha? Para que foram escolhidos?
    - Hoje, são muitos os diáconos a serviço do povo de Deus e no auxílio dos sacerdotes em nossas comunidades. E, na sua comunidade, há diáconos? Quem são eles e o que fazem?
    - Por que o diácono Estêvão desagradou a um grupo de judeus? Como ele foi preso e martirizado?

- **GRUPO 5:**
  - ✔ **Textos:** At 4,36-37; 5,1-11; 8,5-25.
  - ✔ **Tema:** 'Jogar limpo' com Deus e com a comunidade.
    - Os textos mostram dois tipos de práticas religiosas não coerentes com a fé cristã: a falsidade e o suborno.
    - Os primeiros cristãos partilhavam seus bens com os necessitados. Assim, também acontece nas nossas comunidades onde há o costume das coletas, das campanhas, do dízimo, como sinal de gratidão e partilha.

- **Para refletir:**
  - Somos obrigados e coagidos a partilhar? Como funciona o dízimo ou partilha na nossa paróquia ou comunidade?
  - Se não há dízimo, do que vivem e se mantêm os sacerdotes, as necessidades do culto e do Templo, dos diáconos e de outros servidores?
  - Dar exemplos concretos de pessoas que 'compram', ou querem usar a religião, os líderes e os fiéis para outro fim que não seja a 'gratuidade de Deus'.

- **GRUPO 6:**
  - **Texto:** At 8,26-40.
  - **Tema:** O diácono Felipe anuncia o Cristo ao eunuco etíope, negro e escravo.
    - A religião judaica discriminava, excluindo do Templo e da comunidade, o estrangeiro, o de outra raça, os doentes (mentais, aleijados, leprosos, com doenças contagiosas...) os pobres, as mulheres, os escravos, os pecadores públicos etc.
    - O texto mostra que, assim como Jesus, os discípulos não discriminam nenhuma pessoa que abre seu coração à Boa Nova do Evangelho.
  - **Para refletir:**
    - Nas nossas igrejas, todas as pessoas são acolhidas e respeitadas, sem nenhum tipo de discriminação, para o culto, as celebrações, os Sacramentos? Justifique sua resposta com exemplos.
    - Há religiões e seitas que discriminam ou são discriminadas? Há religiões ou pessoas de outras Igrejas que nós, cristãos (católicos), criticamos ou rejeitamos? Quais? Por quê?

- Cada um do nosso grupo se sente bem em nossa comunidade ou se sente tímido, sem valor e sem participação? Como se integrar bem?

- **GRUPO 7:**
  - ✓ **Textos:** At 8,1-4; 9,1-25.
  - ✓ **Tema:** Saulo: o perseguidor, o perseguido, o apóstolo.
    - Saulo era um judeu estudado e convicto de que a sua religião era a certa, a de Javé. Por isso, discriminava aquele 'grupinho' de judeus que aderiram a Jesus, que não colocavam a Lei de Moisés e o Templo como colunas da fé. E achava que estava servindo a Javé, perseguindo e prendendo os cristãos. Mas, Jesus se revelou e ele 'caiu ao chão'.
  - ✓ **Para refletir:**
    - Identificar os passos e explicar os sinais da conversão de Saulo (a luz, o cair, o ficar cego, ser conduzido, Ananias, a cura, o Batismo).
    - Como reagiram, os judeus e os cristãos, diante da conversão radical de Saulo? E ele, como se saiu dessa?
    - Compare o chamado de Saulo à Igreja com o chamado de vocês à Crisma: houve passos ou sinais que os fizeram chegar aqui? Quais? Vocês acreditam que o mesmo dom do Espírito Santo dado a Paulo será dado a vocês? Como comprovar isto?

- **GRUPO 8:**
  - ✓ **Texto:** At 10,1- 48.
  - ✓ **Tema:** O sonho de Pedro e a fé de Cornélio.
    - Jesus, os apóstolos e os primeiros cristãos eram judeus observantes da Lei de Moisés, que lhes proibia comer certos alimentos considerados impuros e misturar-se com os pagãos – estrangeiros que adoravam outros deuses e, por isso, também impuros e idólatras.

- Jesus não desrespeitou a Lei de Moisés, mas transformou-a, colocando o homem acima dela e mostrando que Deus é Pai de todos.
- E agora, como deveriam agir os cristãos: como judeus ou como seguidores de Jesus? O sonho de Pedro lhes mostrou o caminho a seguir.

✔ **Para refletir:**

- Copiar, do texto, a frase que tirou a dúvida de Pedro.
- Existem pessoas, coisas, atitudes consideradas 'impuras', 'excluídas' pela nossa sociedade e pela nossa comunidade, Igreja? Quais e por quê?
- Vocês conhecem os 'apóstolos' e 'missionários' que anunciam e testemunham o Cristo, hoje, em nossa comunidade, e outros que deixam sua família e sua terra por causa do Evangelho? Quem são? Dê exemplos de alguns nomes.

ILUMINANDO NOSSA VIDA

- Ler Mt 28,19-20 e Mc 16,15-18.
- Comentar e explicar:
  - A experiência vivida no 'interagindo', em sintonia com a experiência de Pentecostes, quando se inicia a expansão da Igreja de Cristo com a missão de unir e congregar todos os homens e mulheres através de uma nova linguagem, entendida por todos, do amor e do perdão, bem diferente daquela linguagem do orgulho e do poder, que provocou desentendimento entre as raças e dispersou o homem sobre a terra, conforme a narração bíblica da Torre de Babel.
  - O orgulho dividiu as nações, mas o Espírito Santo quer uni-las na mesma fé, formando um só Povo de Deus – o novo Povo de Deus – a Igreja.

- Fiéis à missão que Jesus lhes confiou, os apóstolos partiram, evangelizando e testemunhando o Cristo em Jerusalém, na Judeia e na Samaria e até os confins da terra (cf. At 1, 8), realizando sinais e prodígios em nome do próprio Jesus, convertendo e batizando. Assim, formavam-se as primeiras comunidades cristãs que procuravam viver os valores evangélicos: eram solidários e partilhavam seus bens para ajudar os necessitados; reuniam-se em torno da Palavra e para a 'Fração do Pão' (nome atribuído à celebração da Eucaristia – a Missa); e, em toda parte, atraíam muitos com seu testemunho de vida.

- Tudo isto irritou, desde o início, as próprias autoridades judaicas que crucificaram Jesus. O inimigo, agora, era a Igreja de Cristo e seus líderes. Como consequência das perseguições e da fé e coragem dos primeiros seguidores, o Cristianismo foi se espalhando para outras cidades, além do mundo judaico, até chegar a Roma, através do apóstolo Paulo que, de perseguidor de cristãos, tornara-se o grande pregador de Jesus, o Filho de Deus.

- Por ser uma nova proposta de fé e vida, e pela maneira como viviam os cristãos, o Cristianismo sofreu um longo período de oposições, polêmicas, perseguições e, por fim, o martírio. Muitos cristãos, entre eles todos os apóstolos, foram martirizados, especialmente pela crueldade dos imperadores romanos Nero e Domiciano. Por causa disso, ao referir-se à História da Igreja desta época, diz-se: a 'Igreja dos Mártires'.

• Questionar sobre as pesquisas da semana:

- Quem trouxe alguma história dos primeiros mártires da fé ou dos mártires de hoje, perseguidos e mortos pela luta em favor da justiça, dos direitos humanos, do direito à terra, enfim, do direito à vida?

- Comentar:
  - A coragem e o testemunho de fé dos primeiros mártires cristãos motivou a conversão de muitos: *'o sangue dos mártires é como semente de cristãos'*.
  - O mesmo se pode dizer dos mártires de hoje, pois a causa evangélica pela qual aqueles deram a vida ontem, continua através de outros irmãos e irmãs na fé.
  - Hoje ainda, muitas pessoas continuam o testemunho evangélico com palavras e atitudes em favor da fraternidade, da partilha, da igualdade, do direito à terra e moradia, do direito à vida plena para todos, tal como Cristo. São estes os membros da Igreja, fiéis à missão, comunicadores da Boa Notícia.

- Sugestão:
  - Realizar as explicações de forma interativa com as atividades do livro do crismando.

NOSSO COMPROMISSO

- Conversar e refletir:
  - O Sacramento da Crisma dá ao cristão, além da santificação pessoal, a missão e a capacidade de proclamar a sua fé, bem como de atuar em sua comunidade eclesial de acordo com as exigências históricas da mesma e com a diversidade de ministérios e carismas.
  - O Sacramento da Crisma acentua o envio, a missão. Expressa, no gesto simbólico, a dimensão pentecostal do ministério de Cristo. No Pentecostes, pela força do Espírito Santo, Deus estabeleceu e confirmou a Igreja como continuadora da missão do Cristo através dos tempos em todo o mundo. O cristão é fortalecido com a força do mesmo Espírito Santo para ser membro ativo da Igreja e pôr-se a serviço do Reino. O crismado é chamado a atuar na sua comunidade e testemunhar Cristo no mundo. (cf. Estudos da CNBB 61, n. 28)

- Perguntar aos crismandos:
  - Como vocês podem atuar na sua comunidade, testemunhando Jesus Cristo?

CELEBRANDO NOSSO ENCONTRO

- Catequista motiva:
  - Pela Crisma, confirmaremos nossa adesão a Cristo e ao Evangelho. Pela força do Espírito Santo, nos tornaremos apóstolos de Jesus, chamados a dar testemunho de nossa fé em meio a todos os perigos e desafios que o mundo nos impõe.
  - A cruz é a marca do cristão, sinal de redenção. Por ela e nela muitos deram a sua vida para que outros tivessem mais vida.
- Acender as velas e convidar a ficar ao redor da cruz, para refletir e cantar:
  - *'Prova de amor maior não há, que doar a vida pelo irmão...'* (KOLLING, Ir. Míria T. et al. **Cantos e orações**: para a liturgia da missa, celebrações e encontros. Petrópolis: Vozes, 2004).

Para o próximo encontro
- Pedir que os crismandos conversem com suas famílias, comunidade e procurem saber porque a Igreja é *'Una, Santa, Católica e Apostólica'*.

8

A IGREJA NO MUNDO: DEUS PRESENTE NA HISTÓRIA

RECURSOS

- Bíblia, velas.
- Símbolos: pedras, o Creio (em cartaz), o Evangelho, documentos da Igreja (conciliares e da CNBB), cruz e par de sandálias, mapa-múndi.
- CD *Cantando o Novo Milênio*, Paulus.
- Gravuras com ações de diferentes pastorais e movimentos da Igreja.
- CD *As Quatro* Estações - Legião Urbana, com a música *'Monte Castelo'* de Renato Russo, ou a letra da música que é uma adaptação de 1Cor 13 e do Soneto 11 de Luís de Camões.

INTERAGINDO

- Preparar o ambiente com os símbolos e gravuras de forma que se identifique o título do encontro.
- Explorar os primeiros parágrafos do livro em sintonia com a decoração do ambiente e, na sequência, solicitar que realizem a atividade 1 do livro, acolhendo suas diferentes expressões e percepções.
- Explorar de forma interativa as atividades 2 e 3:

- A Igreja teve seu início em Pentecostes... Hoje, continua este Pentecostes por meio de nós, cristãos.
- Perguntar: Como?
- Deixar que falem e pedir que completem a atividade dos quadros, fazendo um desenho que traduza a caminhada da Igreja hoje (atividade 2).
- A Igreja é o corpo místico de Cristo. Jesus Cristo, *"ao comunicar o seu Espírito, fez de seus irmãos, chamados de todos os povos, misticamente, os componentes de seu próprio corpo"* (LG, n. 12). *"Mas, como todos os membros do corpo humano, embora muitos, formam, contudo, um só corpo, assim também os fiéis em Cristo"* (LG, n. 14).

ILUMINANDO NOSSA VIDA

- Explorar a pesquisa sobre a Igreja ser *Una, Santa, Católica e Apostólica*, conversando sobre:
  - A Igreja é <u>Una</u>: tem um só Senhor, confessa uma só fé, nasce de um só Batismo, forma um só Corpo, vivificado por um só Espírito, em vista de uma única esperança, no fim da qual serão superadas todas as divisões.
  - A Igreja é <u>Santa</u>: o Deus Santíssimo é seu autor; Cristo, seu Esposo, se entregou por ela para santificá-la; o Espírito de santidade a vivifica. Embora congregue pecadores, ela é *'imaculada [feita] de maculados' ('ex maculatis immaculata')*. Nos santos, brilha a santidade da Igreja; em Maria, esta já é toda santa.
  - A Igreja é <u>Católica</u>: anuncia a totalidade da fé; traz em si e administra a plenitude dos meios de salvação; é enviada a todos os povos; dirige-se a todos os homens; abarca todos os tempos; *'ela é, por sua própria natureza, missionária'*.
  - A Igreja é <u>Apostólica</u>: está construída sobre fundamentos duradouros: *"os doze Apóstolos do Cordeiro"* (Ap 21,14); ela é indestrutível; é infalivelmente mantida na verdade:

Cristo a governa através de Pedro e dos demais apóstolos, presentes nos seus sucessores, o Papa e o colégio dos Bispos.

Obs.: Sugere-se, como recurso para o catequista, realizar esta abordagem com base no Catecismo da Igreja Católica (CIC), capítulo III – parágrafo 3, explorando: Una (813 a 822); Santa (823 a 829); Católica (830 a 856); Apostólica (857 a 870).

- Comentar e refletir:
  - Como já vimos, aquela Igreja, nascida da experiência de Pentecostes, caminhou na história por obra de Deus; enfrentou tantos desafios; foi colocada à prova no *'fogo'* do martírio. Mesmo assim, fortalecidos pelo Espírito Santo, não desistiram e continuaram a dar seu testemunho de fé em Jesus Cristo, convertendo e batizando aos milhares.
  - A conversão de pessoas de diversas nações, gente de toda origem, de raça, de religião, de <u>status</u>, trouxe contribuições positivas à Igreja, fazendo-a abrir-se e crescer. Mas, trazia também muitos desafios e a necessidade de adaptar-se: criando atribuições e funções que respondessem às necessidades dos fiéis e de cada grupo e lugar. Os Concílios – reunião dos bispos de todo o mundo, chefes das Igrejas locais, as Dioceses – começaram a acontecer nesta época, com o intuito de dar, a cada passo da história, até hoje, a orientação correta, a definição clara, as decisões seguras, à luz do Espírito Santo que está presente na Igreja. Isto tudo, sempre a partir das exigências dos tempos e das culturas dos povos, e com a finalidade de continuar fiel a Jesus Cristo e ao seu Evangelho.
  - Um estudo mais aprofundado sobre o caminhar da Igreja de Cristo no mundo e para o mundo, fará perceber uma alternância entre avanços e recuos; fases brilhantes e de declínio; motivos para orgulhar-se e, outros, para *'bater no peito'*, pedindo perdão.
  - Nisto se confirma a dupla realidade de nossa Igreja: *santa* (presença e ação de Deus) e *pecadora* (orgulho e fraqueza humana, que se nega permitir a ação de Deus).

- Mas, Jesus prometeu que seu Espírito estaria sempre entre nós. Por isso, em épocas de grande decadência e de muita infidelidade da Igreja, o Espírito Santo inspira e orienta pessoas que a ajudem a renovar-se, por exemplo: São Francisco de Assis, Santa Teresa d'Ávila, Madre Teresa de Calcutá, Irmã Dulce e tantos outros.

- Fato importante e marco na História da Igreja no século XX foi a convocação, pelo Papa João XXIII, do Concílio Vaticano II em que a Igreja reviu sua consciência, seu jeito de ser e de atuar no mundo, abrindo-se para o advento de um novo milênio, um novo tempo de graça e bênção.

- Nós somos esta Igreja de Cristo que caminha na história, procurando ser para cada povo, em cada época e nas diferentes culturas, uma resposta e uma proposta de Deus aos seus anseios e esperanças. É por isso que a Igreja não pode manter-se fixa, rígida, imutável. Ela deve ser um sinal legível do Reino de Deus, sinal compreensível por todos os homens – os de ontem, os de hoje e os de amanhã.

• Motivar a leitura e compreensão de Jesus sempre presente em nossa história e realizar a atividade 4, analisando as pedras e luzes em nossa Igreja hoje, identificando as semelhanças e diferenças com a Igreja dos primeiros apóstolos.

NOSSO COMPROMISSO

• Explicar e conversar:

- *"A palavra Igreja significa 'convocação'. Designa a Assembleia daqueles que a Palavra de Deus convoca para formarem o Povo de Deus e que, alimentados pelo Corpo de Cristo, se tornam Corpo de Cristo"* (CIC, n. 777).

- Os cristãos no mundo – diferentes em sua origem de sangue, cor, raça, idiomas, usos e costumes, símbolos, festas e leis – quando se encontram, em nome de Jesus, têm em comum o Credo, o Evangelho de Jesus, o mesmo

Batismo, o mesmo Pão Eucarístico, o mesmo projeto de vida.

- Um cristão de fé adulta pode crer nesta Igreja e não se afasta dela, nem desanima facilmente de lutar e colaborar para que sua comunidade seja fiel a Deus e revele a '*Luz de Cristo*' a todos. A Crisma nos investe desta missão!

• Motivar para que cada um escreva (atividade 5) uma oração de crismando, pedindo ao Espírito Santo que o ajude nas horas em que sentir-se fraquejar na fé e no compromisso de fidelidade a Deus.

CELEBRANDO nosso ENCONTRO

• Preparar o ambiente com a Bíblia, velas acesas, os símbolos (o cartaz com o Credo; cruz; pedras; mapa-múndi; documentos conciliares e da CNBB; par de sandálias), música instrumental.

• Solicitar que os crismandos observem atentamente os símbolos, deixando-os comentar sobre eles.

• Motivar os crismandos, dizendo:

- Vamos celebrar esta Igreja de Cristo '*encarnada*' na história, presente no mundo inteiro, procurando inculturar-se em cada grupo de cristãos; aberta às descobertas científicas, sociais e teológicas; procurando ser, explicar e apoiar o ser humano, a vida terrena e futura, o sofrimento, a pobreza, o poder político e religioso. Uma Igreja santificada pelo Espírito Santo que a conduz, mas limitada e sujeita a falhas e ao pecado, porque nascida no meio dos homens e para os homens.

• Por isso, pedimos perdão, cantando ou rezando:

- '*Pelos pecados, erros passados; por divisões na tua Igreja, ó Jesus!*

Senhor, piedade! Senhor, piedade! Senhor, piedade, piedade, piedade de nós!

- *Quem não te aceita, quem te rejeita, pode não crer por ver cristãos que vivem mal!*

Cristo, piedade! Cristo, piedade! Cristo, piedade, piedade, piedade de nós!

- *Hoje, se a vida é tão ferida, deve-se à culpa, indiferença dos cristãos!*

Senhor, piedade! Senhor, piedade! Senhor, piedade, piedade, piedade de nós!

(KOLLING, Ir. Míria T. et al. **Cantos e orações**: para a liturgia da missa, celebrações e encontros. Petrópolis: Vozes, 2004).

Leitor 1: Vamos ler 1Cor 13, em forma de *'eco'*.

Catequista: Cada um de nós é convidado a falar o que mais lhe chamou atenção nesta leitura. Após cada um se expressar, vamos dizer (ou cantar) juntos:

'Enviai o Vosso Espírito, Senhor, e da terra toda a face renovai!'

(KOLLING, Ir. Míria T. et al. **Cantos e orações**: para a liturgia da missa, celebrações e encontros. Petrópolis: Vozes, 2004).

Leitor 2: Nossa oração (atividade 5) é a expressão do nosso compromisso e desejo de colaborar na comunidade, sendo fiel a Deus. Vamos rezá-la, um de cada vez. E, como comunidade, vamos renovar a esperança na missão que a Crisma vai nos investir, dizendo juntos, após cada oração: *'Caminhamos na estrada de Jesus'.*

- Finalizar cantando a música *'Monte Castelo'* (Renato Russo).

PARA O PRÓXIMO ENCONTRO

- Solicitar aos crismandos que, no próximo domingo, rezem com mais piedade a *'Oração pela Igreja'*, junto com sua comunidade e escutem com bastante atenção a leitura do

Evangelho e a homilia; procurem guardar a mensagem e aplicá-la no seu dia a dia. Os padres são *'anunciadores da Palavra de Deus'*, como os apóstolos.

- Informar-se com o pároco, a secretária da paróquia ou outras pessoas: como funciona nossa Igreja na prática, como estão organizadas todas as atividades, movimentos, celebrações, associações, obras sociais.

9

UMA IGREJA A SERVIÇO

RECURSOS

- Bíblia, velas.
- Cartolina branca com o desenho do contorno de uma igreja.
- Pedaços de papel recortados em forma de tijolos; fazer o contorno; tamanho: 5 x 10cm.

INTERAGINDO

- Acolher os crismandos com um canto festivo.
- Perguntar-lhes sobre a pesquisa das atividades paroquiais ou comunitárias (pastorais, movimentos, grupos...). São essas atividades que expressam a vitalidade da nossa Igreja. São sinais de que somos Igreja em crescimento, vivendo o projeto de construção do Reino, conforme Jesus veio propor.
- Distribuir os 'tijolos' aos crismandos e solicitar que escrevam neles:
  - Atividades: Catequese, Grupos de Jovens e Adolescentes, Missa, Equipe de Liturgia, Equipes de Celebração, Ministros, Grupos de Canto, Pastoral da Criança, Pastoral da Família, Movimentos (do Apostolado da Oração, Capelinhas, Renovação Carismática, de Casais etc.).
  - As pessoas que realizam estas atividades: catequistas, crianças, jovens, adolescentes, adultos, cantores, ministros da Eucaristia, leitores, padre, coordenadores dos grupos, casais etc.

- E o nome de cada crismando da turma.

- Motivá-los para que, depois disso, construam a igreja, colando os tijolos na cartolina e ilustrando (é bom, previamente, fazer um contorno suave do desenho de uma igreja; depois, dar os retoques finais).

- Concluir:
  - Nós somos a Igreja e a construímos; a vida paroquial ou comunitária se expressa através das atividades: é a ação do Espírito Santo movendo a Igreja.

- Solicitar que registrem, na atividade 1, as atividades pastorais de sua comunidade e, na atividade 2, a pastoral em que cada um gostaria de se engajar.

ILUMINANDO NOSSA VIDA

- Convidar os crismandos a parar e contemplar os trabalhos, cantando: '*É tempo de ser Igreja*' ou '*Momento Novo*', explorando com eles a letra da música, que ajuda a entender o tema do encontro.

- Motivar para o trabalho em grupo sobre como se organizava a Igreja Nascente (dos primeiros cristãos) e a relação com a Igreja na atualidade.

- Cada grupo fica responsável por um dos textos indicados na atividade 3.

- A partir da leitura do texto, respondem:
  1. Que atividades da Igreja dos Apóstolos são descritas no texto?
  2. Que atividades semelhantes você vê na nossa Igreja, hoje?

TEXTOS	SUBSÍDIOS para os catequistas: 1. Atividades das Primeiras Comunidades. 2. Atividades de nossa Igreja, hoje.
1) At 2,42	1. Ensinamentos, comunhão fraterna, orações, Fração do Pão. 2. Catequese, homilias, círculos bíblicos, missas e cultos.
2) At 4,32-35	1. Testemunho dos apóstolos, comunhão de bens, união dos fiéis. 2. União entre os cristãos, partilha dos bens, dízimo, campanhas beneficentes, testemunho de fé.
3) At 6,2-6	1. Assembleia dos líderes: diáconos para servir às mesas e os apóstolos, encarregados da oração e pregação. 2. Diáconos e outros ministérios dos leigos, catequese, campanha do quilo, sopa dos pobres, luta contra a fome. Assembleias, Conferências e Concílios.
4) At 8,34-38	1. Anúncio da Palavra, Batismo, Profissão de Fé e conversão. 2. Catequese, preparação dos pais para o Batismo, promessas do Batismo, CEBs.
5) At 9,17-20	1. Impor as mãos, balizar, curar, pregar. 2. Visitas aos doentes e necessitados espiritualmente, bênção, curas, Batismo, pregações.
6) Cl 3,16-17	1. Viver a Palavra, instruir e aconselhar, cantar salmos, agir em nome de Jesus, dar graças. 2. Rezar e fazer o sinal da cruz em várias ocasiões, orientar as pessoas, rezar salmos, cultos e missas.
7) 1Ts 5,12-16	1. Consideração e respeito para com os líderes, viver em paz, corrigir os que erram, encorajar, fazer sempre o bem. 2. Consideração e apoio aos líderes, fraternidade, aconselhar e encorajar as pessoas no bem.
8) Tt 3,13-14	1. Aprender a praticar o que é bom, atender às necessidades urgentes, não viver uma vida inútil, mas ser útil. 2. Ajuda fraterna, socorrer as vítimas de acidentes e tragédias, campanhas contra a fome, o frio, as doenças.
9) Tg 1,27	1. Viver a religião na prática, socorrer os pobres, evitar a corrupção. 2. Visitas aos pobres, Vicentinos, Legião de Maria, dar testemunho de vida íntegra.
10) Tg 2,2-5	1. Condena a discriminação entre os ricos e pobres, não julgar pelas aparências. 2. Acolhimento e participação de todos nos cultos e celebrações, não discriminar por motivos de raça, religião...
11) Tg 5,13-16	1. Rezar e cantar com os irmãos, benção aos enfermos, rezar com fé, dar o perdão dos pecados. 2. Grupos de oração, celebrações da vida (aniversários, festas familiares...), confortar os doentes, Unção dos Enfermos, Confissão.

- Depois da apresentação dos trabalhos dos grupos, registrar os resultados no livro (atividade 3) e comentar:
  - Vocês puderam perceber, nas leituras e nas perguntas, como se organizava a Igreja Nascente, suas atividades e a constante preocupação com que todos participassem. Isso era possível porque as comunidades contavam com um número reduzido de pessoas, que se reuniam nas casas ou em lugares secretos, devido à perseguição provocada por seu projeto de partilha, igualdade de direitos entre as pessoas e onde um só era o Senhor: Jesus Cristo. Na Igreja, os que lideravam deviam ser servos dos outros. Ora, isso era contrário à estrutura de dominação, opressão e absolutismo dos imperadores, que se consideravam deuses, a quem se devia prestar serviço escravo e pagar tributos, à custa de muita opressão, sofrimento e miséria dos povos dominados.

NOSSO COMPROMISSO

- Questionar:
  - Vocês acham que na nossa comunidade/paróquia existe essa participação e engajamento? Por quê?
- Comentar:
  - Recebendo o Sacramento da Crisma, vamos assumir o compromisso de sermos cristãos atuantes na Igreja.
  - Para isso, é preciso conhecer suas atividades pastorais.
  - O compromisso desta semana será o de ficar atentos e pesquisar como estas atividades funcionam na nossa comunidade e como é a participação das pessoas nelas.
- Motivar a pesquisar e anotar os dados na atividade 4, possibilitando uma aproximação e um melhor conhecimento sobre a pastoral com que cada um se identificou e gostaria de se engajar.

CELEBRANDO NOSSO ENCONTRO

- Colocar o cartaz – *'Somos Igreja Viva'* – que construíram com os tijolos, sobre uma mesa, no centro da sala de catequese.
- Ao seu lado, a Bíblia e velas acesas.
- Motivar os crismandos a apresentarem uma palavra, diante do Senhor, que represente as descobertas e o significado do encontro (a partir do texto bíblico e das perguntas trabalhadas em grupo), que servirá à sua missão de ser Igreja.
- Concluir, rezando a oração da Conferência dos Bispos da América Latina, reunidos em Santo Domingo, no livro do crismando.

PARA O PRÓXIMO ENCONTRO

- Solicitar para que procurem conversar com os familiares sobre os Mandamentos da Lei de Deus, para descobrir como são vividos, como são interpretados.

10

UM PROJETO ANTIGO E ATUAL: OS MANDAMENTOS

RECURSOS

- Quadro de giz ou papelógrafo.
- Cola e tesoura.
- Textos bíblicos: Ex 20,1-17; Dt 5,6-21; Mt 22,37-40; Dt 6, 1-9.

INTERAGINDO

- Explorar o que conseguiram descobrir sobre os Dez Mandamentos.
- Conversar sobre como se sentem diante de normas, leis; como entendem sua finalidade, a razão de existirem.

ILUMINANDO NOSSA VIDA

- Desenvolver o encontro utilizando-se das técnicas da exposição dialogada e do estudo dialogado, comentando:
  - Já conhecemos a história do povo hebreu, escravizado no Egito e que, sob a liderança de Moisés, foi conduzido para a libertação e para a terra da promessa de Javé. Para evitar que seu povo voltasse a experimentar a escravidão e o sofrimento, as injustiças cometidas pelo projeto de morte

do reino do Faraó, Javé lhes oferece a Lei – os Dez Mandamentos – como um código a selar a aliança entre o povo e o Projeto de Vida de Javé.

- Questionar:
  - O que impede o povo de ser feliz hoje? [Anotar as respostas no quadro de giz ou no papelógrafo].
  - As dificuldades que impedem o povo de ser feliz são desejadas por Deus?

- Ouvir e comentar:
  - Deus, sendo a Bondade e o Amor, só projetou para seus filhos o bem, a felicidade e o amor, desde sua criação. Mas, para amar, a pessoa tem que ser livre. Por isso, Javé, ouvindo o clamor de seu povo, intervém através de Moisés e os liberta da escravidão no Egito. Moisés, como nos lembra o canto '*o Senhor necessitou de braços…*', foi o braço terno e forte de Deus a conduzir o seu povo à libertação.
  - Para que alcançassem a libertação, havia duas verdades fundamentais que deviam manter vivas na memória: *'Javé é nosso Deus; e nós somos o seu povo, pois um só é nosso Deus!'*(cf. Dt 7,7-9).
  - Portanto, ele não nos quer subjugados e infelizes. Moisés, no Egito, recebeu a missão especial de ajudar seu povo em um momento importante de sua história: tomar consciência de que eles mesmos teriam de colaborar com Deus, lutando por sua libertação e organizando-se para viverem valores que assegurassem a conservação da liberdade conquistada. Era preciso impedir que, no meio do povo, reinasse a ambição e o egoísmo, geradores da opressão e do domínio de uns pelos outros. Assim, foi tomando forma um conjunto de princípios de vida que, na caminhada pelo deserto, foram experimentados e vividos pelo povo israelita.

- Convidar os crismandos a ler os primeiros parágrafos de seu livro e responder as atividades 1 e 2.
- Explicar e conversar:
  - Ao chegarem à Terra da Promessa, conquistada para morar, aqueles princípios e valores foram adaptados para o novo modo de vida. Foi desse modo, através dessa experiência de fé e vida, transmitida de pai para filho, através dos tempos, que Deus revelou aos israelitas o seu Projeto para a humanidade. O povo os resumiu em dez princípios de vida, que foram sendo conhecidos como o 'Decálogo', ou 'Dez Mandamentos' ou 'Lei de Moisés', por causa desse grande líder dos israelitas no deserto.
  - Como este Projeto é de Vida, ele não perdeu, até hoje, sua atualidade. Ele resume o jeito de viver a relação do Povo de Deus: com o seu Deus, de cada pessoa consigo mesma e das pessoas entre si, a fim de que se possa retornar à primitiva harmonia da Criação projetada por Deus. Porém, mais do que leis, os Mandamentos são um Projeto de Vida, um compromisso de todo aquele que deseja um mundo feliz. É expressão da nossa Aliança com Deus: através dele nos colocamos como seus parceiros e colaboradores na obra de reconstrução da felicidade projetada pelo seu grande Amor.

- Motivá-los a lerem os quadros da atividade 3 e discutirem sobre as semelhanças e diferenças, sublinhando-as da seguinte forma: dois traços para as semelhanças e, um, para as diferenças.
- Questionar:
  - Um projeto tão antigo como esse, ainda tem alguma validade nos dias de hoje? [Ouvir].
  - Encaminhar para que, em duplas, explicitem com suas palavras como compreendem hoje a fórmula desses Dez Mandamentos da Aliança do Povo com Deus, completando

a atividade 4. Antes, porém, sugere-se reler os primeiros parágrafos do livro.

- Após o trabalho em duplas, explicar que o resultado será partilhado no momento de celebrar o encontro.
- Para a realização da atividade 5, dividir os crismandos em 4 grupos, de acordo com as obras de misericórdia, solicitando para que expliquem suas conclusões de forma criativa, usando paródias, dramatizações e outros.

NOSSO COMPROMISSO

- Conversar sobre a realização do Projeto de Deus, que se dá por meio de ações concretas que visam garantir o respeito e a dignidade da pessoa, quando se vive o amor a Deus e ao próximo.
- Para refletir:
  - Como posso colaborar com o Projeto de Deus?

CELEBRANDO NOSSO ENCONTRO

- <u>Catequista:</u> Vamos expressar o nosso desejo de viver a Aliança com Deus e ser seus colaboradores na obra de reconstrução de seu Projeto de Vida. Vamos fazer isso afirmando o nosso sim e apresentando o resultado da atividade 4.
- Após a apresentação de cada dupla, motivar para cantar o refrão a seguir, que será a expressão do compromisso e desejo de viver a Aliança com Deus:

'Sim, eu quero que a luz de Deus que um dia em mim brilhou, jamais se esconda e não se apague em mim o seu fulgor. Sim, eu quero que o meu amor ajude o meu irmão a caminhar guiado por tua mão, em tua lei, em tua luz, Senhor!' (KOLLING, Ir. Míria T. et al. **Cantos e orações**: para a liturgia da missa, celebrações e encontros. Petrópolis: Vozes, 2004).

- Catequista: Rezemos, confirmando esta aliança, a oração do Pai-nosso, de mãos dadas.

PARA O PRÓXIMO ENCONTRO

- Solicitar para que reúnam os seguintes dados:
  a) Como vivem os adolescentes e jovens na nossa comunidade?
  b) Onde se reúnem?
  c) Que músicas ouvem?
  d) De que se ocupam e com que se preocupam?
  e) Quais os sonhos e medos dos adolescentes e jovens de hoje?

- Orientar para que tragam as respostas sintetizadas em palavras ou gravuras, para serem coladas em um painel.
- Sugestão para motivar os crismandos:
  a) Ler, durante a semana, os textos da Bíblia que trazem os Dez Mandamentos (um só ou todos): Ex 20,1-17; Dt 5, 6-21; Dt 6,1-9.
  b) Perceber em sua comunidade quais os Mandamentos que estão sendo vividos e quais estão sendo esquecidos. Anotar exemplos concretos.

11

SER ADOLESCENTE E JOVEM HOJE

RECURSOS

- Uma folha de papel, bem grande, para o painel: '*Ser jovem hoje*'.
- Cola, tesouras, pincéis atômicos e recortes de palavras ou gravuras relacionadas com a juventude para completar as pesquisas dos crismandos, se necessário.
- Bíblia.
- CD *Mistério, Amor e Sentido*, do Padre Jorge Trevisol, faixa 8.
- Sugestões de possibilidades de abordagens do tema:
  a) Convidar algum(s) especialista(s) na área – profissional, sexualidade, drogadição etc. – para assessorar uma palestra sobre um ou mais temas.
  b) Convidar o padre e/ou os coordenadores dos grupos juvenis (de adolescentes e jovens) para apresentarem a dinâmica dos trabalhos da Pastoral da Juventude na Paróquia/comunidade.

INTERAGINDO

- Prever, pelo menos, dois encontros para a reflexão deste tema.
- Motivar para a construção do painel: '*Ser adolescente e jovem hoje*', colando os recortes de gravuras ou palavras que os crismandos trouxeram. Orientar e ajudar, se for necessário.

- Convidar para cada um expor o que trouxe e colar no painel. Não se preocupe com ordenação ou harmonia entre as letras ou figuras. O painel deve ficar como um grande *'caleidoscópio'*.

- Depois, procure, em diálogo com os crismandos, refletir sobre os temas apresentados, buscando estabelecer as relações entre o que retratam as gravuras e as palavras com a vida dos adolescentes e jovens no seu dia a dia. Pode-se ir questionando a partir de grandes temas como: realização profissional; escolha da profissão/faculdade e vestibular; namoro; participação política; a realidade do menor; sexualidade e afetividade; doenças sexualmente transmissíveis; drogas e outros.

- Motivar para que descrevam suas impressões sobre estas realidades na atividade 1.

ILUMINANDO NOSSA VIDA

- A partir do painel, questionar:
  - Com o que se parece este mural? A vida da gente é toda ordenada? Algumas coisas preocupam mais que outras? O que a religião pode fazer para nos ajudar?
  - Vocês já viram como um imã é capaz de ordenar vários pedaços de ferro? É assim que acontece com nossa religião. Cristo veio dar SENTIDO ao que fazemos e sonhamos.

- Motivar:
  - Em grupos, a partir dos textos bíblicos indicados, ler, discutir e completar a atividade 2.
  - Ler os textos: Tb 4,1-21 e Jo 8,31-38 e procurar uma mensagem para a juventude de hoje.
  - Anotar para o plenário, que será na celebração.
  - Relacionar os textos bíblicos com a mensagem do Papa João Paulo II aos jovens da França, em junho de 1980, sobre: *"A tarefa dos jovens e das jovens na Igreja"*, que apresentamos na sequência. Sugerimos que este texto seja

preparado pelo catequista para ser refletido em grupos pelos crismandos e depois apresentado.

1. "Quem é Jesus Cristo?

Vossa pergunta central refere-se a Jesus Cristo. Quereis ouvir-me falar de Jesus e me perguntais quem é para mim, Jesus Cristo. Permiti-me que eu vos devolva a mesma pergunta e vos diga: para vós, quem é Jesus Cristo? Desse modo, e sem evadir a questão, vos darei também minha resposta, dizendo o que é para mim.

O Evangelho inteiro é um diálogo com o homem, as diversas gerações, com as nações, com as diversas tradições..., mas sempre e continuamente um diálogo com o homem, com cada homem, um, único, absolutamente singular. Ao mesmo tempo, há muitos diálogos no Evangelho. Entre eles, considero especialmente eloquente o diálogo de Cristo com o jovem rico.

Lerei-vos o texto, porque talvez nem todos vós recordais muito bem. É o capítulo 19 do Evangelho de Mateus.

'Aproximou-se dele um jovem e disse: 'Mestre, o que devo fazer de bom para alcançar a vida eterna?' Ele disse: 'Por que me perguntas sobre o bom? Uma única coisa é boa: se quiseres entrar na vida, observa os mandamentos'. Disse-lhe: Quais? Jesus respondeu: 'Não matarás, não cometerás adultério, não furtarás, não levantarás falso testemunho; honra teu pai e tua mãe, e ama o próximo como a ti mesmo'. Disse-lhe o jovem: 'Tudo isto tenho observado. O que ainda me falta?' Jesus respondeu: 'Se quiseres ser perfeito vai, vende tudo o que tens, dai aos pobres e terás um tesouro nos céus, e vem e segue-me'. Ao ouvir isto o jovem se afastou entristecido, porque tinha muitos bens'.

Por que Cristo dialoga com este jovem? A resposta está no texto evangélico. E vós me perguntais por que eu, em todos os lugares aonde vou, quero me encontrar com os jovens.

Respondo: porque 'o jovem' significa o homem que, de maneira especial, de maneira decisiva, está em fase de 'formação'. Isso não quer dizer que o homem não esteja em formação durante toda sua vida; dizemos que 'a educação começa mesmo antes do nascimento' e dura até o último dia. Entretanto, a juventude, desde o ponto de vista da formação, é um período especialmente importante, rico e decisivo. E se refletirdes sobre o diálogo de Cristo com o jovem rico, encontrareis a confirmação do que acabo de dizer.

As perguntas de ser jovem são essenciais. As respostas também o são...

2. A felicidade no mundo de hoje:

O jovem do Evangelho pergunta: 'Senhor, o que devo fazer para alcançar a vida eterna?' (Mt 19,16).

E agora vós fazeis esta pergunta: É possível ser feliz no mundo de hoje?

Em verdade fazeis a mesma pergunta do jovem! Cristo responde a ele e também a vós, a cada um de vós: - Sim, é possível. Isto é, com efeito, o que responde, embora suas palavras sejam aquelas: 'Se quiseres entrar na vida eterna, observa os mandamentos' (Mt 19,17). E responderá também, mais adiante: 'Se quiseres ser perfeito, vende tudo o que tens, dai aos pobres, vem e segue-me' (Mt 19,21).

Estas palavras significam que o homem não pode ser feliz mais do que na medida em que é capaz de aceitar as exigências de sua própria humanidade, sua dignidade de homem, as exigências que Deus lhe pede.

3. Ser testemunha de Cristo:

E agora, a pergunta sobre como ser testemunha de Cristo hoje. É a questão fundamental, a continuação da meditação central de nosso diálogo, a conversa de Jesus com o jovem. Cristo lhe diz 'segue-me'. É o que disse a Simão, filho de João, a quem deu o nome de Pedro; a seu irmão André, aos filhos de Zebedeu, a Natanael. Disse 'segue-me' para repetir então, depois da ressurreição 'sereis minhas testemunhas' (At 1,8). Para ser testemunhas de Cristo, para dar testemunho d'Ele, antes de tudo deve-se segui-lo. Deve-se aprender a conhecê-lo, deve-se entrar, por assim dizer, em sua escola, penetrar todo seu mistério. É uma tarefa fundamental e central. Mas o fazemos assim, se não estamos dispostos a fazê-lo constante e honradamente, nosso testemunho corre o risco de ser superficial e exterior. Corre o risco de não ser um testemunho. Mas se, ao contrário, seguimos atentos a isto, o próprio Cristo nos ensinará, mediante seu Espírito, o que temos que fazer, como devemos nos comportar, em que e como devemos nos comprometer, como levar adiante o diálogo com o mundo contemporâneo, esse diálogo que Paulo VI denominou 'diálogo de salvação'.

4. Tarefa dos jovens e das jovens na Igreja:

Por conseguinte, se me perguntardes: 'O que devemos fazer na Igreja, principalmente nós, os jovens?'

Tenho que vos responder: aprender a conhecer a Cristo. Constantemente. Aprender de Cristo. N'Ele encontram-se, verdadeiramente, os tesouros insondáveis da sabedoria e da ciência. Nele, o homem, sobre quem pesa suas limitações, seus vícios, suas fraquezas e seus pecados, converte-se realmente no 'homem novo', converte-se no homem 'para os demais' e converte-se também na glória de Deus, porque a glória de Deus, como disse no século XI São Irineu de Lyon, bispo e mártir, é o 'homem vivente'. A experiência de dois milênios nos ensina que, nesta obra fundamental, na missão de todo o Povo de Deus não existe nenhuma diferença essencial entre o homem e a mulher. Cada um em seu gênero, segundo as características específicas da feminilidade e da masculinidade, chega a ser esse 'homem novo', quer dizer, esse homem 'para os demais' e, como homem vivente, chega a fazer a glória de Deus, no sentido hierárquico, esta dirigida pelos sucessores dos apóstolos, e, portanto, por homem, é ainda mais verdade que, no sentido carismático, as mulheres a 'conduzem' igualmente, e inclusive melhor ainda: vos convido a pensar frequentemente em Maria, a Mãe de Cristo.

Antes de concluir este testemunho baseado em vossas perguntas, gostaria mais uma vez de agradecer muito especialmente os vários representantes da juventude francesa que, antes da minha chegada a Paris, me enviaram milhares de cartas. Agradeço-vos por manifestardes este vínculo, esta comunhão, esta corresponsabilidade. E desejo que esse vínculo, esta comunhão e essa corresponsabilidade continuem aprofundando-se e desenvolvendo-se após o nosso encontro desta noite.

Peço-vos também que reforceis vossa união com os jovens de toda a Igreja e de todo o mundo, no Espírito desta certeza de que Cristo é nosso caminho, a verdade e a vida (cf. Jo 14,6).

Unamo-nos agora nessa oração que Ele mesmo nos ensinou, cantando o Pai-nosso. E recebei todos, para vós, para os rapazes e moças de vossa idade, para vossas famílias e para os homens que mais sofrem, a bênção do Bispo de Roma, Sucessor de São Pedro. Pai nosso..."

NOSSO COMPROMISSO

- Motivar os crismandos a explorar a primeira estrofe da letra da música 'O Mesmo Rosto', do Padre Jorge Trevisol (CD Mistério, Amor e Sentido, Paulinas, faixa 8), procurando despertar a ideia de o jovem, atento ao projeto de Deus, cuidar do amor e da vida.

- Encaminhar o desenvolvimento das atividades colocando a música para ouvirem, se possível, ou outra, instrumental.

- Propor para cada um ler a pergunta e a resposta (da carta do Papa à juventude) que mais lhe foi significativa, alternando entre os e as adolescentes.

CELEBRANDO NOSSO ENCONTRO

- Comentar e motivar:
  - São muitos e variados os desafios para o jovem de hoje. Há muito que fazer à nossa frente. Mas, tudo a seu tempo e deixando sempre que Deus aja em nós e através de nós.
  - Convidar para rezar, cantando: '*Senhor, fazei-me instrumento de vossa paz...*' (KOLLING, Ir. Míria T. et al. **Cantos e orações**: para a liturgia da missa, celebrações e encontros. Petrópolis: Vozes, 2004), ou outra, a critério do catequista.

PARA O PRÓXIMO ENCONTRO

- Solicitar:
  - Fazer uma entrevista na sua comunidade com pessoas que fazem bem suas tarefas profissionais e na família. Conversar com elas para saber como descobriram que fizeram a '*escolha certa*' da profissão que exercem: mecânico(a), professor(a), religioso(a), político(a), eletricista, agricultor(a)...

12

VOCAÇÃO: SOU CHAMADO(A)!

RECURSOS

- Cartaz com gravuras de profissões.
- 1 ficha para cada crismando (cortar um sulfite ao meio, no sentido horizontal).
- Dicionário (marcar as páginas onde se encontram as palavras: profissão e vocação).
- Bíblia e velas.
- CD '*Para os meus amigos*', do Padre Gildásio Mendes, faixa 13.

INTERAGINDO

- Colocar o cartaz com as profissões no centro da sala, no chão.
- Motivar para que cada um fale sobre o tema '*profissões*':
  - Alguém trabalhou ou trabalha desde pequeno com o pai ou com a mãe?
  - Vocês reconhecem alguma habilidade que se manifestou desde pequeno e que pode indicar o que vocês irão fazer quando adultos?
  - Alguém já pensou na faculdade que vai cursar? Na profissão para a qual vai estar habilitado?
  - Que sonhos vocês alimentam para o futuro?

- Distribuir as fichas e solicitar que dobrem-nas ao meio, formando uma espécie de cartão com 4 faces (páginas), e:
  - na 1ª face/página: escrevam seus <u>nomes</u>;
  - na 2ª face/página: escrevam seus <u>dons</u>, qualidades, habilidades que demonstram (é um bom exercício para o autoconhecimento, a partir do qual o catequista pode sentir e trabalhar a autoestima de cada crismando);
  - na 3ª face/página: anotem seus <u>sonhos</u> em relação à família, profissão, Igreja, sociedade, escola, política...

- Guardar as fichas um pouco, para refletir sobre o tema.

ILUMINANDO NOSSA VIDA

- Comentar e questionar:
  - O tema de hoje fala sobre <u>Vocação</u>. Muitos acham que esse termo refere-se apenas à vida religiosa.
  - Existem outras formas de vocação?
  - Qual seria a diferença entre PROFISSÃO e VOCAÇÃO? Procurar no dicionário e ler.
    - ✔ <u>Profissão</u>: refere-se (neste sentido) apenas ao executar de uma tarefa, um trabalho especializado e remunerado, reconhecido socialmente, em uma empresa ou de forma autônoma; atividade; ocupação.
    - ✔ <u>Vocação</u>: palavra que vem do latim *vocare* e significa chamar. A vocação ou chamado nos vem sempre através de situações concretas, coisas que acontecem. A Igreja chama isso de '*ouvir os sinais*'. Quando respondemos ao chamado, partimos sempre de experiências que já tivemos em nossa vida. Um vocacionado é aquele que realiza a sua '*profissão*' consciente de sua responsabilidade de vida e amor para com o outro, seu próximo, e por isso faz sempre o melhor, faz sempre o bem, pois vê no outro a imagem, o rosto de Deus.

- Dizer sim à vocação é assumir a missão de construir o Reino de Deus a partir de si mesmo, do que faz e das pessoas com quem interage.

- Vocação é dom gratuito de Deus, um serviço de vida para todos, na família, na Igreja, na sociedade, na política, na escola.

• Motivar para a leitura da síntese do tema (atividade 1) e refletir a partir dos questionamentos.

• Solicitar três leitores (os textos estão no livro do crismando) e realizar a reflexão. Nestes textos estão descritas as três dimensões da vocação humana, assim como o Povo de Deus as via e vê:

Leitor 1: ler bem devagar Gn 1,27. [Pausa. Silêncio].

Catequista: A primeira dimensão é *'ser filho de Deus, feito à sua Imagem e semelhança'*. Isto quer dizer que:

✔ Temos que conhecer, respeitar e desenvolver nosso corpo e nosso espírito, e usá-los com equilíbrio, cuidando para conservá-los.

✔ Descobrir e explorar nossa criatividade, agindo sobre o mundo para melhorá-lo.

✔ Ser capaz de conhecer e controlar nossas emoções, instintos e sentimentos, buscando uma unidade, reconhecendo-se e sendo reconhecido como pessoa livre e responsável.

Leitor 2: ler Gn 1,29.

Catequista: A segunda dimensão da vocação é *'dominar o mundo pelo trabalho'*.

✔ Deus confiou ao homem a tarefa de continuar a construção do mundo. Conhecendo-se como pessoa, o homem aplica suas habilidades e potencial criativo em uma profissão e com ela ganha *'o seu pão'*.

Leitor 3: ler Gn 2,18.

Catequista: A terceira dimensão da vocação do homem é '*conviver*'.

- ✓ Essa dimensão nos leva ao '*serviço*' e a procurar vencer todas as barreiras que estão entre os homens, para viver em fraternidade. De tal importância é essa dimensão, que Deus mesmo se fez presença no mundo para nos mostrar como isso pode ser feito. Jesus veio mostrar-nos o caminho, estando Ele próprio a serviço, até a morte (Jo 15,13-15).

- Convidar para completar a atividade 2. Depois, conferir como isso se concretiza em Jesus e completar a atividade 3.

NOSSO COMPROMISSO

- Ler Jr 1,4-10: '*Vocação de Jeremias*'.
- Como sugestão, esta leitura pode ser dramatizada, preparando-a com antecedência.
- Comentar o texto do chamado e missão de Jeremias, suas desculpas para não assumir e a promessa de Deus de estar sempre com ele, e relacionar com o tema deste encontro.
- Completar a atividade 4.

CELEBRANDO NOSSO ENCONTRO

- Preparar o ambiente: cartaz das profissões, a Bíblia e as velas acesas, em volta delas colocar as fichas dos crismandos com o nome à vista.

Catequista: *Cada um é convidado a pegar sua ficha, entregue no momento da dinâmica, e na 4ª face/página escrever uma oração, pedindo a Deus que o(a) ajude no discernimento de sua vocação.*

Leitor 1: *O nosso compromisso é sinal de busca por discernimento. Para isso, é preciso prestar atenção aos sinais que revelam o chamado de Deus. Estes sinais se revelam quando:*

Leitor 2: *Deus me chama pelo nome. Ele me conhece e eu quero conhecê-lo também.*

Leitor 3: *Deus me concede dons e bênçãos e eu lhe sou grato por eles.*

Leitor 4: *Eu projeto meus sonhos, minhas utopias.*

Leitor 5: *É Deus quem produz em nós o discernimento para descobrirmos nossa vocação e missão.*

Todos: *Deus está chamando: "Do alto dos telhados, no coração do mundo, gritemos o Evangelho" (Dom Pedro Casaldáliga).*

Catequista: *Cada um de nós é consagrado por Deus para viver a sua vocação. Vamos cantar ou rezar refletindo:*

Profeta da Paz

Eu te carrego nos braços, estou onde sempre estás.
Eu te chamei pelo nome, a seu tempo compreenderás.
Não temas nessa caminhada, eu te acompanho aonde vais.
Conduz os jovens na estrada, conquista com eles a paz.
Eu te chamei, te consagrei, anuncia a minha palavra.
Eu te escolhi, te acompanhei, dá tua vida ao meu povo.
Eu te falei, te ensinei, caminha com a juventude.
Eu te mostrei, te confiei, acolhe os pequeninos.
Leva esperança ao mundo, canta que é tempo de amar.
Fala na voz das crianças, a Luz há de sempre brilhar.
Tu és o pastor dessa gente, vai meu profeta da paz.
Semeia na fé a semente, a seu tempo compreenderás.

(CD '*Para os meus amigos*', Pe. Gildásio Mendes, Vozes, 1995, faixa 13)

Obs.: As fichas ficam com os crismandos para lembrar-lhes de seu compromisso e da experiência que fizeram em busca de discernimento. Lembre os passos: Deus chama pelo nome (1ª página); concede dons e bênçãos (2ª página); nós projetamos nossos sonhos (3ª página); e rezamos a Deus pelo discernimento.

PARA O PRÓXIMO ENCONTRO

- Solicitar que conversem com seus amigos da escola e familiares, procurando informações sobre jovens que são sinais do Reino de Deus, pois praticam ações que contribuem para a construção de um mundo melhor.

13

SOMOS IGREJA VIVA: FERMENTO DO REINO DE DEUS NO MUNDO

RECURSOS

- Um pão caseiro para repartir e comer na celebração.
- Material para caracterização dos personagens.
- Música *'Tente outra vez'*, de Raul Seixas (letra ou em CD).
- Papel para painel: *'Nossa Comunidade é Igreja Viva, Fermento do Reino de Deus no Mundo'*.
- Fichas das atividades de quem procura construir um mundo melhor.
- Cola ou fita adesiva.

INTERAGINDO

- Preparar, previamente, alguns crismandos para representarem os grandes desafios que os adolescentes e jovens enfrentam hoje: violência do crime, a dependência química dos vícios, o alcoolismo, a falta de perspectivas e a desesperança, a fome, as doenças sexualmente transmissíveis, o desemprego etc. Fazer placas com estes problemas e outros.
- Cada um, de forma criativa, caracteriza-se com seu personagem e prepara os gestos e palavras que o representam.
- Sentados em círculo, em silêncio, vão percebendo a entrada de cada personagem, sucessivamente: entra e expressa o seu

problema em forma de gesto e palavras e, após, encolhe-se no chão ao centro do círculo.

- Depois de todos se apresentarem, convide-os a cantarem juntos, se possível (ou ouvirem), a música *'Tente outra vez'*, de Raul Seixas.

- Motivar para que, espontaneamente, enquanto cantam, um a um, os crismandos se levantem e resgatem os que estão caídos, reintegrando-os ao grupo.

ILUMINANDO NOSSA VIDA

- Ler Mt 18,10-14: *"... o Pai que está no céu não quer que nenhum desses pequeninos se perca"*.

- Motivar a reflexão sobre o texto lido, associando-o ao gesto de *'resgatar'* o outro. Este gesto representa a ação da Igreja no mundo, continuadora da missão salvífica e redentora de Cristo. É assim que a Igreja se torna <u>fermento</u> no mundo, através de nossos gestos de solidariedade, de acolhida fraterna, de amor, perdão, justiça.

- Comentar:
  - Como o fermento transforma a massa, assim também, nós fazemos acontecer o Reino de Deus quando nos convertemos, quando em nós acontece a transformação do amor, que nos abre ao outro, à doação, modificando nossas atitudes em relação aos outros.
  - Nós somos esse fermento quando nos deixamos transformar e converter, assumindo o Projeto de Jesus – *"...que nenhum desses pequeninos se perca..."* – como nosso projeto. Transformando-nos, vamos transformando os outros, assim como fizemos hoje.

- Convidar para responder a atividade 2.

- Ler juntos os primeiros parágrafos do tema e o texto de Lc 13, 20-21.

- Trabalhar com o texto do livro do crismando e solicitar para que realizem a atividade 3, partilhando o resultado e comentando com o grupo.

- Distribuir fichas para que os crismandos preencham com as informações que recolheram sobre as atitudes de pessoas que procuram construir um mundo melhor.

- Afixar as fichas que os crismandos preencheram no painel já com o título: '*Nossa comunidade é Igreja Viva, Fermento do Reino de Deus no Mundo*'.

- Pode-se dar tempo para que todos leiam o painel, ou fazer uma apresentação individual de cada ficha.

- Motivar e dialogar:
  - Com qual destas atitudes/atividades vocês poderiam e gostariam de atuar e/ou realizar?

NOSSO COMPROMISSO

- Comentar e conversar sobre o que está proposto no livro dos crismandos, motivando-os a assumirem uma atitude de colaboração, tornando-se fermento na massa.

- Explorar:
  - Nossa comunidade é Igreja Viva: '*Fermento do Reino de Deus no mundo*'.
  - Eu, como membro desta Igreja, gostaria de participar de suas atividades pastorais e comunitárias?
  - Além de meu compromisso com a Catequese Crismal, acredito ser possível colaborar com o quê?

CELEBRANDO NOSSO ENCONTRO

- Preparar o ambiente com a Bíblia, velas acesas e um pão caseiro (como símbolo de '*fruto da terra e do trabalho do homem*').

EU LHES DAREI O MEU ESPÍRITO

- Iniciar cantando: '*Muitos grãos de trigo...*', ou outro, a critério do catequista.

- Convidá-los a rezarem juntos a oração de João Paulo II '*pelos jovens de todo o mundo*', que está no livro do crismando.

- Encerrar com a oração do Pai-nosso. Ao dizerem – '... *O pão nosso de cada dia nos dai hoje...*' – fazer uma pausa e repartir o pão com os dois crismandos que estão ao seu lado, e estes repartem com seus próximos... e todos comem. Depois, continuam a oração.

PARA O PRÓXIMO ENCONTRO

- Solicitar que tragam um objeto significativo, algo que lembre um acontecimento do passado e cuja recordação os ajuda a viver melhor.

14

JESUS CRISTO: ONTEM, HOJE E SEMPRE – OS SACRAMENTOS

RECURSOS

- Bacias; água; sal; toalhas para enxugar as mãos.
- Bíblia e velas.
- Cartolinas e pincéis atômicos para os grupos.
- Quadro de giz ou papelógrafo.
- CD de música instrumental.

INTERAGINDO

- Acolher e motivar os crismandos para uma experiência concreta: a experiência da '*aspereza*', do '*mal-estar*', daquilo que '*incomoda*', da seguinte maneira:

1. Cada crismando dirige-se ao centro da sala (onde, previamente o catequista já preparou uma mesa com uma bacia com sal e outra com água e as toalhas) e esfrega as mãos com um pouco de sal. Deixar que cada um faça a experiência com tempo, sem correrias, com música ambiente (instrumental). Depois, comentar o que estão sentindo.

2. Solicitar que se dirijam novamente ao centro. Agora, para lavar as mãos e secá-las. Continuar em ambiente de oração. Comentar e ouvir as sensações. O resultado esperado é o da maciez, daquilo que é bom, gostoso, liso, como '*pele de neném*'.

- Comentar:
  - Assim também, a Igreja nos oferece experiências concretas e simbólicas da presença de Deus em nossa vida. São os Sacramentos: sinais de Deus agindo em nossa vida, marcados sempre por uma celebração, uma liturgia, um acontecimento de fé, e também, por um sinal concreto, um símbolo sensível – água, óleo, imposição das mãos, pão e vinho, vela, veste, aliança – e, de nossa parte, uma decisão, um '*sim*' de adesão e compromisso, sinal da Aliança com Deus e seu Projeto.

ILUMINANDO NOSSA VIDA

- Partir do entendimento que os crismandos têm sobre esta realidade: Sacramentos, símbolos, liturgia, para fazer uma '*tempestade de ideias*' e anotar no quadro de giz ou papelógrafo.

- Comentar:
  - Jesus é o maior Sacramento, o maior sinal de Deus. Através dele chegamos ao Pai: "*Ninguém vai ao Pai, senão por mim*" (Jo 14,6). E Jesus é o centro de toda liturgia. Celebramos sempre "*... por Cristo, com Cristo e em Cristo...*" o <u>culto de louvor</u> (a liturgia) ao Pai, a partir de nossa vida, oferecendo e entregando tudo em suas mãos. Assim, perpetuamos e atualizamos a presença de Cristo em nosso meio: ontem, hoje e sempre.

- Questionar:
  - O que são, pois, os Sacramentos?
    - ✔ Os Sacramentos são celebrações da presença e ação de Deus na nossa vida. A Igreja retoma assim a própria vida de Jesus que é o Sacramento de Deus para nós. Nas mais diversas situações, Jesus encontrou as pessoas e transformou a vida delas. Ele mesmo iniciou sua missão, depois de deixar seu lar, fazendo-se batizar por João Batista. Assim, ele se uniu aos que precisavam e queriam mudar de vida, converter-se, viver como filhos de Deus, todos irmãos.

- O que fez Jesus?
  - ✓ Compreendeu, acolheu, perdoou pecadores, incentivando-os a uma vida nova.
  - ✓ Ensinou aos apóstolos a fraternidade, repartindo pão e peixes a muitos no deserto.
  - ✓ Visitou, confortou, curou inúmeros doentes.
  - ✓ Prestigiou a vida em família, visitando, participando de sua vida, das alegrias de um casamento, até se comparando ele mesmo e a sua Igreja com o esposo e a esposa.
  - ✓ Instruiu com palavras, gestos e até com uma ordem os que seriam seus continuadores na missão de servir ao Pai e aos homens.
  - ✓ Confirmou na fé seus seguidores, infundindo neles, com um gesto de bênção, o seu Espírito.
- Comentar: assim como Jesus fez, nós também marcamos alguns momentos mais importantes da nossa vida com a celebração de um Sacramento.
- Explicar:
  - A Igreja escolheu sete desses momentos para celebrar. 'Sete' – número que na Bíblia significa plenitude – para indicar a inteira e constante presença libertadora de Deus, na vida humana: o nascimento, a entrada na juventude ou vida adulta; o encontro com o outro; a refeição; o perdão; o sofrimento e a doença; o compromisso com a comunidade; a aliança com um companheiro – esposo, esposa e filhos, constituindo uma família. Como sinal de Jesus, a Igreja deve manifestar a presença de Deus no meio do mundo. Esses Sacramentos nos ajudarão a ser, por nossa vez, sinais de Deus, como a Igreja viva que somos.
- Ler os primeiros parágrafos do tema e explicar como estão agrupados os Sacramentos. Responder a atividade 1.
- Motivar para um trabalho em grupos (7 duplas ou grupos):
  - Cada grupo, segundo as orientações e os dados apresentados na atividade 2, vai refletir sobre um Sacramento (dividir entre

os grupos). Na tabela constam: o nome dos sete Sacramentos; a citação de textos bíblicos relativos a eles; palavras da celebração dos mesmos, que serão copiadas em cartazes, pelos crismandos. Além disso, cada grupo receberá um *'sinal – expressão'* do que aquele Sacramento quer celebrar.

SACRAMENTOS	TEXTOS BÍBLICOS	PALAVRAS DA CELEBRAÇÃO	SINAL - EXPRESSÃO
Batismo	Mt 28,18-20	*"Eu te batizo, em nome do Pai e do Filho e do Espírito Santo".*	Água e uma toalha branca.
Crisma	At 1,8	*"Recebe, por este sinal, o Espírito Santo, o Dom de Deus".*	Vidrinho com óleo.
Eucaristia	1Cor 11,23-26 Jo 6,55-56	*"Isto é o meu Corpo... Este é o meu Sangue, o sangue da Nova Aliança, derramado, por muitos, para a remissão dos pecados. Eis o mistério da fé".*	Pedacinho de pão.
Penitência	Jo 20,21-23 Mc 2,5-11 Tg 5,16	*"Eu te absolvo de todos os teus pecados, em nome do Pai e do Filho e do Espírito Santo".*	Uma cruz.
Unção dos Enfermos	Mc 6,12-13 Tg 5,14-15	*"Por esta santa unção e por sua puríssima misericórdia, o Senhor venha em teu auxílio com a graça do Espírito Santo, para que, liberto dos teus pecados, ele te salve e, na sua bondade, alivie teus sofrimentos".*	Uma vela e um vidrinho com óleo.
Ordem	Mc 3,13-15 1Cor 11,25 Sl 110,4	*"Nosso Senhor Jesus Cristo, a quem o Pai ungiu com o Espírito Santo e revestiu de poder, te guarde para a santificação do povo fiel e para oferecer a Deus o santo Sacrifício. E tu és agora sacerdote eternamente, segundo a ordem de Melquisedec, como Jesus Cristo o foi, e quem tu representas por toda a eternidade".*	Uma estola, uma Bíblia e um vidrinho de óleo.
Matrimônio	Mt 19,4-6 1Cor 7,3-5 Ef 5,25-33 Ef 6,4	*"Eu... te recebo por mulher (marido) e te prometo ser fiel na alegria e na tristeza, na saúde e na doença, amando-te e respeitando-te todos os dias de minha vida".*	Duas alianças.

- Orientar os grupos para:

 a. Ler os textos bíblicos e responder:

  ✔ *O que eles ensinam sobre este Sacramento?*

 b. Contemplar o *'sinal-expressão'*, em silêncio, por uns instantes e responder:

  ✔ *Qual o significado do 'objeto-sinal' deste Sacramento?*

  ✔ *Para que realidade ele aponta?*

c. Ler as palavras e explicar o compromisso de vida que elas lhe sugerem.

d. Fazer uma pequena oração a partir do que o grupo refletir e escolher um gesto simbólico relacionado ao Sacramento.

NOSSO COMPROMISSO

- Refletir com os crismandos:
  - Como estamos vivendo os Sacramentos que já recebemos: o Batismo, a Eucaristia, a Confissão?

CELEBRANDO NOSSO ENCONTRO

- Fazer o plenário dos trabalhos de grupo.
- Depois de cada apresentação, sugere-se cantar ou recitar o refrão de um canto conhecido de todos.
- A partir das exposições, dialogar:
  - O que descobrimos de novo com este estudo dos Sacramentos:
    - A respeito de Jesus Cristo?
    - Sobre a Igreja?
    - Sobre a importância de cada Sacramento em nossa vida?
- Com o resultado das descobertas, reflexões e estudos feitos, motivar os grupos para elaborarem um cartaz sobre o tema do Sacramento estudado, para ser colocado na Igreja ou no local onde a comunidade se reúne (valorizar a educação pela imagem na catequese de toda a comunidade).
- Explicar que o cartaz deve expressar:
  - A realidade – vida das pessoas que cada Sacramento celebra.

- Gestos e palavras: a ação libertadora de Jesus Cristo que a Igreja celebra, sendo ela mesma sinal da presença de Jesus no mundo.
- Quem preside, quem participa.
- Ilustração.

• Expor todos os cartazes no centro da sala, colocando ao lado de cada um o símbolo e a faixa das palavras do Sacramento e convidá-los a contemplar.

• Cada grupo lê a oração que fez, acompanhada de um gesto significativo combinado por eles.

• Todos, de mãos dadas, rezam o Pai-nosso.

PARA O PRÓXIMO ENCONTRO

• Motivar a organização de uma exposição dos cartazes sobre os Sacramentos.

• Explicar que, com os cartazes, os crismandos estarão ajudando a comunidade a retomar e relembrar a vivência dos Sacramentos e o consequente compromisso com Jesus Cristo e o Plano do Pai, com a lembrança da força renovadora do Espírito Santo em cada pessoa.

15

CRISMA:
"EU, POR VONTADE DE DEUS, APÓSTOLO DE CRISTO!" (Cl 1,1)

RECURSOS

- Dois cestos, ou potes, ou caixas.
- Fichas em branco e canetas para todos.
- Folhas com os textos bíblicos e o roteiro de reflexão, com espaço para anotar.
- Flores e plantas medicinais e/ou perfumadas.
- Um pouco de óleo (alimento), cremes perfumados e pomadas medicinais ou hidratante de pele.
- Lenços ou faixas de pano para vendar os olhos.
- Folhas ou partes de jornais, revistas ou livros para a *'dinâmica do cego'* e algo para comer (biscoito, balas...).
- Jarro com água, bacia e toalha (se não houver torneira próxima).
- Bíblias para todos (recomendar que tragam).
- Pão (broa ou rosca): uma maior e as outras menores, conforme o número de pessoas na turma.
- Papéis timbrados, carimbos da paróquia ou firmas ou notas fiscais do comércio com C.G.C.

- Sete velas: cada uma trazendo o nome de um dom do Espírito Santo: Sabedoria, Ciência, Conselho, Fortaleza, Entendimento, Piedade, Temor de Deus.
- Cópia dos cantos para o retiro e para a celebração (melhor se já forem os cantos do dia da Crisma).
- Papel grande ou quadro-mural para o painel bíblico.
- Cola ou fita adesiva para a montagem.
- CD *'Envia teu Espírito, Senhor!'*, Irmã Míria T. Kolling e André Zamur.

INTERAGINDO

- Este tema está previsto para ser refletido dentro de um Retiro Crismal (mais ou menos 4 horas). Se não houver tempo para desenvolver todo o esquema em um mesmo dia de retiro, fazê-lo em duas partes, conforme o roteiro.
- Se não houver possibilidade de realizar o retiro, o catequista poderá adaptá-lo e realizá-lo na sala de catequese.
- Verbalização e partilha das dificuldades e preocupações ou esperanças e alegrias, escritas em fichas.
- Oração individual e partilha em pequenos grupos (miniplenário).
- Diversas atividades simbólicas e textos bíblicos dramatizados para auxiliar na compreensão dos ritos e símbolos da Crisma.
- Painel-síntese das reflexões, montado pelos grupos.
- Quando houver vários grupos de Crisma, estes podem juntar-se para um retiro comum, se houver local próprio. Preparar bem.
- Distribuição das leituras, orações e participação na liturgia da Crisma.

Roteiro do retiro ou passos a interiorização

Primeiro Tempo do Retiro

<u>Acolhimento</u>

- Receber e agrupar, sobre uma mesa ou em um canto, o material trazido pelos crismandos (e/ou por você, catequista): flores e plantas, óleo, cremes, pomadas, pão (ou outro alimento).
- Enquanto os crismandos estiverem chegando cantar músicas alegres, da preferência do grupo.
- Pedir que apresentem suas sugestões de cantos para a Missa da Crisma, cantando os que mais gostam durante a preparação.

<u>Dinâmicas e orientações</u>

- Comentar:
  - Estamos às vésperas do dia da celebração da Crisma, do Sacramento que nos confirma e unge como '*apóstolos de Cristo*'.
    - ✔ Sentimo-nos '*prontos*', preparados, confiantes, corajosos?
    - ✔ Temos medo, insegurança, dúvidas, embaraços, preocupações, dificuldades?
    - ✔ Quais?

- Explicar:
  - Neste ambiente de silêncio, cada um vai receber uma ficha em branco e escrever nela como está se sentindo neste momento. Pode se expressar usando uma ou várias palavras-chave. Não precisam assinar. [Música instrumental].
  - Ao terminar, colocar as fichas dentro da cesta (ou pote ou caixa). Ao final, o catequista mistura bem as fichas e vai tirando algumas (uma de cada vez) e lendo, bem pausadamente.
  - Após cada ficha, aumenta o volume da música. Depois de umas 5 ou 7 fichas lidas, o catequista levanta a cesta e repete o versículo 1 do Salmo 121:

- ✔ *"Levanto os olhos para os montes e pergunto: de onde virá o meu socorro?"*
- Todos repetem:
  - ✔ *"... de onde virá o meu socorro?"*
- Questionar:
  - ✔ Como vamos resolver todas as nossas dificuldades e *'esvaziar'* esta cesta?
  - ✔ Como vamos perseverar nos propósitos e esperanças e continuar firmes no seguimento de Cristo? [Música – silêncio].

ILUMINANDO NOSSA VIDA

- Orientar e motivar os crismandos:
  - Vamos tentar iluminar a nossa vida começando por uma dinâmica significativa: a dinâmica do cego, isto é, do limite. Todos temos limites! Para isso, vamos realizá-la em 3 momentos:

    1º Formação: em pares – um é o 'cego' (vendar os olhos com a tira ou lenço) e o outro é o *'guia'*. [Dar tempo para se organizarem espontaneamente].

    2º Realização: durante uns cinco minutos o *'guia'* conduz o *'cego'*, falando por onde deve passar. Levá-lo a vários locais e situações: andar no plano, subir e descer escada; passar num local movimentado, lugar acidentado; assentar e levantar-se; ler para ele alguma notícia ou mensagem; dar-lhe algo na mão para comer ou beber; deixá-lo sozinho por alguns instantes, para ser acudido por outro *'guia'*. [Se houver tempo e o grupo for pequeno, trocar os papéis por alguns minutos].

3° __Partilha__: terminada a experiência, partilhar espontaneamente. Se for necessário completar: todos temos dificuldades e limites e, somente juntos, uns pelos outros, podemos e vamos nos ajudar e perseverar. A cegueira é um limite e não impede a pessoa de viver. Cada um tem limites diferentes e valores e dons diferentes, para a complementação de todos na comunidade.

- Comentar que, a partir desta dinâmica, podemos perceber que temos necessidade de confiar nos outros (o '*cego*') e a responsabilidade de sermos confiáveis (o '*guia*'). Não ser autossuficiente: humildade e união!

- Propor um canto.

- Conversar com os crismandos:

    - Uma segunda resposta às nossas dificuldades e à possibilidade de perseverar sem desanimar, é rezar, é contar com a ajuda de Deus e a promessa de Jesus.

- Convidar para colocar faixas com os textos, uma de cada vez, procurando descobrir o que Deus nos fala neste momento:

    - *"O Espírito Santo, o advogado, o Auxiliador, o Paráclito, que o Pai vai enviar em meu nome, ensinará a vocês todas as coisas e fará vocês lembrarem tudo que eu lhes disse"* (Jo 14,26).
    - *"Eis que eu estarei com vocês todos os dias, até o fim do mundo"* (Mt 28,20).
    - *"Onde dois ou três estiverem reunidos em meu nome, eu estarei no meio deles"* (Mt 18,20).

- Concluir ajudando-os a compreender que a Palavra de Deus, rezada na Bíblia e na vida de cada dia, será o rumo e a força do '*Apóstolo*'.

NOSSO COMPROMISSO

- Convidá-los a fazerem alguns momentos de oração e reflexão individual, deixando o coração aberto para ouvir e falar a Deus, nosso Pai, nesta hora de espera e decisão pela confirmação de nosso Batismo.

- Motivá-los a observarem a cesta que traz muitas citações da Bíblia que podem ser luz, conforto, esperança e alegria para cada um em particular. Cada um vai pegar uma ficha e a Bíblia e procurar um lugar ou condições que o ajudem a fazer um grande silêncio, durante uns 15 ou 20 minutos, para refletir sobre a sua resposta decisiva a Deus. Ao sinal ou música, todos voltarão para um lugar comum, de reunião, indicado pelo catequista.

- Propomos que o catequista prepare as fichas com um roteiro de reflexão, para ajudar os crismandos a se concentrarem, da seguinte maneira:

  - Texto (por exemplo: Mt 10,17-22 – '*A coragem do testemunho*').
  - Leia uma primeira vez, bem devagar.
  - Leia de novo, grifando ou anotando, à parte, a frase que mais lhe chamou a atenção, ou o que achou mais significativo.
  - Escreva a mensagem que este texto lhe inspirou, aplicando-a a sua vida.
  - Fale intimamente com Deus, escrevendo sua oração pessoal, abaixo da mensagem (escreva tudo em apenas um dos lados do papel).

  Obs.: Se sobrar tempo, cante baixinho ou reze um salmo da Bíblia.

- Apresentamos alguns textos para você, catequista, ler e escolher conforme a sua realidade e o número de crismandos. Se a turma for muito pequena, prepare uma ficha para cada crismando. Em turmas maiores, os temas podem ser repetidos até quatro vezes, selecionando e numerando de 10 a 15 citações. Depois da reflexão individual, os grupos de partilha serão reunidos pelos textos iguais (mesmos números) em um miniplenário.

- **Sugestões de Textos:**

  - ✓ Mt 6,1-6; 16-18: *Fazer tudo por Deus e não para ser visto.*
  - ✓ Mt 6,24-34: *A busca fundamental.*
  - ✓ Jo 14,1-14: *Jesus é o Caminho que leva ao Pai.*
  - ✓ Mt 7,21-29: *A fé e nossa prática.*
  - ✓ Mc 10,17-31: *O Reino é dom e partilha.*
  - ✓ Mc 10,32-45: *Autoridade é serviço.*
  - ✓ Mt 3,1-17: *A chegada do Reino – João batiza Jesus.*
  - ✓ Jo 13,33-38: *Fé e Amor.*
  - ✓ 2Ts 2,13-17: *A comunidade não deve temer, mas ficar unida na oração.*
  - ✓ Is 6,1-8: *A vocação de Isaías.*
  - ✓ Is 44,1-8: *Pertenço a Javé, a Deus.*
  - ✓ Is 49,1-16: *Vocação e missão do servo de Javé.*
  - ✓ Is 52,7-12: *A boa notícia: saiam da opressão!*
  - ✓ Ef 6,10-20: *A vida cristã é luta.*
  - ✓ Fl 4,4-9: *Recomendação de Paulo.*
  - ✓ Jo 14,15-26: *O Espírito Santo continua a obra de Jesus.*
  - ✓ Mt 10,17-22: *A coragem do testemunho.*
  - ✓ Lc 11,1-13: *A Oração de Jesus: pedir com confiança.*
  - ✓ Jo 15,26-27; 16,1-15: *O Espírito vai guiar o testemunho dos discípulos.*
  - ✓ Jo 17,12-26: *Jesus reza pelos discípulos e por nós.*

- Sugere-se observar o tempo combinado e depois reunir os grupos que refletiram a mesma citação para o miniplenário e o painel bíblico.

EU LHES DAREI O MEU ESPÍRITO

PARTILHANDO E CELEBRANDO NO MINIPLENÁRIO

- Orientar:
  - Após breve comentário para retomar o texto, cada um lê apenas o que escreveu de conclusão ou mensagem. Observar e anotar as coincidências e a diversidade de inspirações.
  - Em clima de oração, cada um lê a sua prece e todos repetem a súplica do cego de Jericó: "– *Jesus, filho de Davi, tenha piedade de mim!*"
  - *Painel Bíblico*: à medida que forem terminando, os grupos vão para o lugar combinado, onde está o papel ou quadro. Cada grupo vai montando sua parte no painel de modo criativo, colando a ficha do texto e as mensagens e orações feitas. Dá para vários grupos irem montando ao mesmo tempo. Podem ilustrar também.
  - *Grupão*: em frente ou em volta do painel pronto, observar, ler e partilhar as respostas e estímulos encontrados na Palavra de Deus. Bem espontâneo!

- Canto: a critério do catequista/turma.
- INTERVALO para o lanche, pequeno descanso e preparação do material necessário à segunda parte do Retiro. [Ou pedir o material necessário, se for em outro dia].

Segundo Tempo do Retiro

A Crisma: *Símbolos – Conteúdo – Liturgia*

INTERAGINDO

- Iniciar de forma celebrativa. Para isso, propomos que motive os crismandos.

  Catequista: Vamos colocar, à vista de todos, o título da nossa reflexão e cantar com entusiasmo: '*Senhor, se tu* *me chamas, eu quero te seguir!'*. Depois, invoquemos o Espírito Santo: *'Vinde Espírito Santo, enchei os corações de vossos fiéis e acendei neles o fogo de vosso amor!'*

Catequista: *'Enviai o Vosso Espírito e tudo será criado!'*

Todos: *'E renovareis a face da terra'.*

Oremos: *'Ó Deus que iluminastes os corações de vossos fiéis com a luz do Espírito Santo, concedei que no mesmo Espírito saibamos o que é reto e nos alegremos sempre com as suas consolações'.*

Todos: *Amém.* [Repetir o refrão: *'Senhor, se tu me chamas...'*).

Catequista: *Outras tarefas e experiências vão nos ajudar a entender e vivenciar a realidade do Sacramento da Crisma ou Confirmação, através de seus símbolos e ritos. Vamos trabalhar novamente em grupos. Serão 10 grupos.*

- Algumas tarefas podem ser realizadas por dois ou três crismandos. Para as dramatizações, podem-se apresentar voluntários e cada grupo terá o número de personagens necessários. Todos trabalharão fora do local do plenário, exceto o grupo da *'decoração'*. [Se a turma for muito pequena, substitua as dramatizações por leituras dialogadas dos textos, feitas pelos mesmos grupos, fazendo a correspondência da numeração: tarefa 1 – texto 1; tarefa 2 – texto 2...].

- Propõe-se apresentar as tarefas descritas em fichas e distribuí-las sem maiores explicações, favorecendo a surpresa no momento da apresentação que será no plenário:

  - **Tarefa 1 - Grupo *'Decoração'*:** Preparar o local do plenário, ornamentando com flores e plantas medicinais e perfumadas, varrendo, enfeitando, modificando a disposição das cadeiras, colocando música ambiente etc.

  - **Tarefa 2 - Grupo *'Banho de Cheiro'*:** Os participantes vão lavar-se com sabonete cheiroso (braços, rosto, cabelos, pescoço...) e depois se pentear, enfeitar-se e usar perfumes. Preparar tudo e realizar na frente de todos.

- **Tarefa 3 - Grupo '*Bênção*':** Preparar e depois representar cenas da vida cotidiana em que as pessoas se tocam, abraçam ou estendem e beijam as mãos como sinal de bênção, de afeto e estímulo, de invocação da proteção e graças de Deus. Finalizar com o texto bíblico Nm 6, 24-25, estendendo as mãos em sinal de bênção uns para os outros.

- **Tarefa 4 - Grupo '*Óleo*':** Observar e analisar o óleo (trazido) em suas variadas formas: pomadas, cremes de pele, luz, alimento etc. No plenário, aplicá-lo como puder: como remédio, fazendo uma lâmpada, temperando uma salada, hidratando a pele...

- **Tarefa 5 - Grupo '*Pão*':** Os participantes vão apresentar ou imitar pessoas famintas e fracas. Alguém chega e reparte um pão entre todos que, então, comem uma parte. Olhando a(s) turma(s), levantam-se e se espalham no meio dos crismandos, repartindo seu pedaço, até que todos provem do mesmo pão.

ILUMINANDO NOSSA VIDA

- Realizar dramatizações ou leituras dialogadas de textos bíblicos (preparar as fichas):

  - **Texto 1 - Grupo '*Cenáculo*'** (At 1,12-14; 2,1-17): Os discípulos antes e depois do primeiro Pentecostes, quando receberam o Espírito Santo, dom de Deus.

  - **Texto 2 - Grupo '*Batismo e Crisma*'** (Jo 3,1-8): "*Ninguém pode entrar no Reino de Deus, se não nasce da água e do Espírito*".

  - **Texto 3 - Grupo '*Imposição das Mãos*'** (At 8,14-17; 19, 1-7): Os apóstolos impõem as mãos, invocando o Espírito Santo sobre os batizados.

  - **Texto 4 - Grupo '*Unção x Missão*'** (1Sm 16,1-13): Javé escolhe Davi e ele é ungido Rei de Israel.

- **Texto 5 - Grupo *'Eucaristia e Fraternidade'*** (Jo 13,1-17; 1Cor 11,17-34): Jesus dá um significado novo à Ceia Pascal dos judeus na sua *'Última Ceia'* e recomenda que seus discípulos a celebrem em sua memória. É a chamada *'Fração do Pão'*. São Paulo observa certos abusos e orienta os cristãos de Corinto... [Dramatizar a ceia e ler algumas recomendações de São Paulo].

- Sugere-se entregar as fichas das tarefas e dos textos a todos os grupos que vão preparar o que for necessário, ensaiar e combinar como e o que fazer. Determinar o tempo (15 a 20 minutos). A realização das apresentações será no plenário, à vista de todos, bem sintetizada e objetiva. Cada grupo pode fazer uma breve conclusão, aplicação ou mensagem sobre a tarefa ou texto.

- Finalizar com cantos.

NOSSO COMPROMISSO

- Comentar:
  - Para sensibilizar-nos profundamente pelo significado do Sacramento da Crisma, seus ritos e conteúdo, cada grupo colaborou preparando uma parte do tema. Vamos usar nossa concentração, sensibilidade e acolhimento interior para compreender bem e assumir conscientemente nossa missão de *'cristãos crismados'* – APÓSTOLOS DE CRISTO!
  - Explicar que o plenário seguirá a ordem de correlação dos trabalhos de grupo e a sua respectiva aplicação:
    - ✔ Tarefa 1 - Grupo *'Decoração'*.
    - ✔ Texto 1 - Grupo *'Cenáculo'*.
    - ✔ Aplicação 1 - *Catequista*.

- Vamos, pois, iniciar:
  - **Tarefa 1:** O grupo *'Decoração'* está com a palavra para mostrar a decoração feita e expressar como se sentiu preparando o local, o porquê dos detalhes e mudanças... [Depois do grupo, alguns dos outros grupos podem expressar-se e comentar do que gostaram].
  - **Texto 1:** O grupo do *'Cenáculo'* deverá dramatizar ou ler, dialogando, o texto que recebeu, procurando comunicar uma breve mensagem aos demais crismandos.
  - **Aplicação 1:** O catequista lê ou explica:
    - ✔ Esta sala, bonita e agradável, simboliza a nossa Preparação Crismal. Os discípulos no Cenáculo, antes do Pentecostes, não se sentiam preparados. Estavam com medo, sentiam-se intimidados, inseguros... Durante dez dias, permaneceram juntos, unidos em oração e reflexão, com Maria e outros cento e vinte seguidores de Jesus, procurando analisar os fatos enquanto aguardavam a realização da promessa de Jesus. Após a infusão do Espírito Santo, sentem-se iluminados, corajosos, convictos, amadurecidos e cheios de iniciativas no anúncio e pregação do Cristo Ressuscitado. É a Igreja que desabrocha! Nós também, durante muito tempo, estivemos reunidos, unidos e em oração, preparando-nos para acolher o grande DOM de Deus, o Espírito Santo. Cada um de vocês veio arrumando a casa e o coração, purificando-se interiormente pela conversão, pelo perdão dos pecados, pela descoberta dos seus dons como flores diversificadas e perfumadas que vão enfeitar e servir a nossa comunidade.
    - ✔ Questionar:
      - Vocês se sentem mais *'bonitos'*, mais seguros, mais harmoniosos consigo mesmos, com Deus e com a comunidade? [Ouvir].
    - ✔ Propor o canto: *'Estaremos aqui reunidos, como estavam em Jerusalém...'*

- Continuar:
  - **Tarefa 2:** Os integrantes do grupo *'Banho de Cheiro'* lavam-se, perfumam-se, enfeitam-se, bebem e oferecem água a alguns do plenário. Depois, expressam espontaneamente como se sentem após a tarefa.
  - **Texto 2:** O grupo *'Batismo x Crisma'* dramatiza o diálogo de Jesus com Nicodemos sobre o *"nascer de novo da água e do Espírito Santo..."* e apresenta sua mensagem aos demais.
  - **Aplicação 2:** O catequista explica:
    - A Crisma está estreitamente ligada ao Batismo, cuja graça, a Vida Nova, ela desenvolve no cristão. Esses dois Sacramentos eram conferidos juntos na Igreja Nascente.
    - A água do Batismo significa o nascimento para a VIDA NOVA de *'FILHO DE DEUS'* e membro da Igreja. Batizados quando crianças e crismados quando adolescentes e jovens, tornamo-nos filhos crescidos, responsáveis pela família de Deus.
    - Na Crisma somos CONFIRMADOS na graça do Batismo pelo Espírito Santo, para darmos testemunho de Cristo e trabalharmos na Igreja como cristãos adultos e comprometidos. A mesma graça que foi dada aos discípulos em Pentecostes, nos é dada na Crisma, para sermos firmes na fé e decididos na ação por Cristo: *'Com – firme – ação!'*
    - Questionar:
      - Vocês querem e estão prontos para confirmar o seu Batismo? [Pequena pausa. Ouvir alguns].
    - Propor que cantem a quarta estrofe do canto: *'Sim eu quero, que a luz de Deus...':*

      'Esta vida nova, comunhão com Deus, no Batismo aquele dia eu recebi;

      Vai aumentando sempre e vai me transformando, até que Cristo seja todo o meu viver.'

- Continuar:
  - **Tarefa 3:** O grupo *'Bênção'* apresenta cenas simultâneas e diversas sobre o costume de abençoar em nome de Deus.
  - **Texto 3:** O grupo *'Imposição das Mãos'* apresenta a dramatização sobre a pregação e Batismo dos samaritanos e efésios, e como Pedro, João e Paulo, pela imposição das mãos, lhes comunicaram o Espírito Santo.
  - **Aplicação 3:** O catequista explica:
    - ✔ Nós percebemos que o gesto de colocar as mãos sobre a cabeça das pessoas existe também entre nós. Nos textos dramatizados (ou lidos), os apóstolos usavam este gesto para indicar o dom do Espírito Santo. Por meio da *'imposição das mãos'* e a oração dos apóstolos, aqueles samaritanos e efésios receberam o Espírito Santo e foram confirmados na fé cristã.
    - ✔ A imposição das mãos é um gesto bíblico de bênção, de consagração, de escolha, de missão. No Antigo Testamento, os patriarcas impunham as mãos para abençoar: Isaac impõe as mãos sobre Jacó, que se torna o herdeiro da Promessa.
    - ✔ No Novo Testamento, Jesus usou este gesto para abençoar as crianças e curar os doentes. Também os apóstolos impunham as mãos sobre os doentes e ordenavam os diáconos e presbíteros. Este rito da imposição das mãos com a invocação do Espírito Santo foi sendo transmitido na Igreja, desde os tempos apostólicos. Mais tarde, acrescentou-se a este rito a unção com o óleo santo. A partir disso, então, passou a ser chamado de *'Óleo do Crisma'*. Na cerimônia da Crisma, o Bispo faz duas vezes o gesto da imposição das mãos. Uma vez sobre todos os crismandos juntos, invocando os dons do Espírito Santo. Depois, cada crismando se aproxima, acompanhado do padrinho ou madrinha e, o Bispo, tendo untado o polegar no Óleo do Crisma, impõe a mão direita sobre a cabeça do crismando e traça o sinal da cruz em sua fronte, dizendo

estas palavras: '... *(fulano), recebe por este sinal, o Espírito Santo, o Dom de Deus.'*

- ✓ Estes dois sinais: a unção do Crisma e a imposição da mão, acompanhada das palavras, constituem o Rito essencial do Sacramento da Crisma ou Confirmação. No Batismo, vocês já sabem: derramar a água sobre a cabeça e dizer as palavras: '... *(fulano), eu te batizo em nome do Pai e do Filho e do Espírito Santo'*. No dia da celebração da Crisma, vocês vão renovar, por si mesmos, as promessas do Batismo que os padrinhos assumiram em seu nome.

- ✓ Questionar:
  - Vocês querem ser ungidos com o óleo do Crisma que MARCA vocês como *'propriedade de Deus'*? (cf. Ef 1,13-14). A Crisma só se recebe uma vez na vida. A decisão é sua!

- ✓ Comentar que a Crisma é o Sacramento do Espírito Santo e convidar para fazer um rito simbólico. Para isso, apresentamos uma sugestão:
  - O catequista distribui as sete velas acesas com os dons escritos nelas. A cada dom citado no cântico, a vela vai sendo mostrada à frente, de modo que, ao final, possam ser unidas, formando uma chama só.
  - Canto: *'Senhor, vem dar-nos...'*

- Continuar:
  - **Tarefa 4:** O grupo *'Óleo'* demonstra algumas utilidades do óleo, em suas diversas formas e produtos: cremes hidratantes, pomadas, luz, alimento... Perguntar se alguém precisa usar um pouco de óleo ou pomada nas mãos ressecadas e nos calcanhares rachados, ou outro ferimento. Comer algo feito com óleo; mostrar como se faz uma lâmpada de óleo; untar alguma coisa.
  - **Texto 4:** O grupo *'Unção x Missão'* apresenta a dramatização do jovem Davi, escolhido por Deus, ungido

Rei pelo profeta Samuel, apesar da surpresa de toda família, e partilha a mensagem aplicada à sua vida de cristãos.

- **Aplicação 4**: O catequista explica:

✓ No Antigo Testamento, a unção, isto é, passar/untar com óleo, simbolizava força, poder, cura, saúde, bom odor, beleza, consagração. O óleo perfumado era símbolo de alegria. Derramado sobre um hóspede, era sinal de honra. Reis e sacerdotes eram ungidos para conferir-lhes sua missão junto ao povo, como vimos no texto sobre o Rei Davi. O Evangelho conta que uma mulher derramou perfume precioso e caro sobre a cabeça de Jesus, durante um jantar. *"Ele disse: Esta mulher me ungiu para a sepultura..."*. Sabemos também, pela história, que gladiadores e atletas untavam e massageavam com óleo todo o corpo, antes das lutas, para terem maior agilidade, destreza, força e resistência. O uso do óleo dá luz, força, agilidade, saúde. O *'Crisma'* - óleo usado no Sacramento da Crisma – é um óleo misturado com um pouco de bálsamo perfumado, consagrado pelo Bispo na Quinta-feira Santa. Simboliza *'odor'*, perfume, cheiro bom que o cristão deve exalar e espalhar ao seu redor. Nós temos o costume de usar perfume, lavandas e cremes cheirosos após o banho, como fizeram os crismandos do grupo *'Banho de Cheiro'*. Podemos dizer que na Crisma, após o *'banho batismal'*, o cristão é *'perfumado com o Crisma'*, para exalar o *'bom odor de Cristo'*, conforme nos diz São Paulo: *"Nós somos, diante de Deus, o bom perfume de Cristo no meio dos homens"* (2Cor 2,15). A unção com o Crisma significa a força do Espírito Santo que impulsiona o *'crismado'* a exercer sua missão de *'ungido'*: viver o amor fraterno; testemunhar a fé; viver a vida comunitária eclesial, exercendo os ministérios; defender o direito e a justiça. De tudo isso vocês serão capazes, *"... impelidos pelo único e mesmo Espírito, que confere os seus dons a cada um como ele quer"* (1Cor 12,1-31).

- ✓ Questionar e conversar:
- Vocês acreditam que a luz e a força do Espírito Santo movem os cristãos?
- Conhecem algumas pessoas que provam isto?
- Vocês se sentem disponíveis, de coração aberto, para acolher o Espírito Santo, o Dom de Deus? [Pausa. Ouvir].
- ✓ Canto: '*Estaremos aqui reunidos...*" (só o refrão).

- • Continuar:
  - **Tarefa 5:** Os integrantes do grupo 'Pão' partem entre si um pão (ou bolo, ou broa) e depois o repartem entre todos. Cuidar para que não falte a ninguém, ao menos um pedaço.
  - **Texto 5:** O grupo '*Eucaristia e Fraternidade*' apresenta a Última Ceia Pascal de Jesus, para lembrar como evoluiu até nós a celebração da Missa ou Eucaristia, e lê algumas recomendações de Paulo aos Coríntios. Havia abusos no tempo de São Paulo... Há abusos entre nós? Quais?
  - **Aplicação 5:** O catequista explica:
    - ✓ Na Igreja Nascente, os adultos convertidos à fé cristã se preparavam para o Batismo e a Crisma e, na mesma celebração participavam da Ceia Eucarística, da '*Fração do Pão*', que expressava a unidade e a fraternidade entre os cristãos. Em geral, é durante a celebração de Eucaristia que a Crisma é conferida aos fiéis.
      - Vocês acham que tem sentido este costume? Por quê? [Ouvir].
    - ✓ Pela Crisma, vocês assumem ser membros responsáveis e atuantes da família de Deus, a Igreja. Uma expressão por excelência de que somos Igreja, comunidade dos seguidores de Cristo, é a Missa ou Eucaristia, onde nos reunimos como irmãos em Cristo, filhos do mesmo Pai, ao redor das mesas da Palavra e do Pão. "*A Crisma está de tal modo ligada à Sagrada Eucaristia que os fiéis, já marcados com o sinal do Batismo e da Confirmação,*

são inseridos plenamente no Corpo de Cristo pela participação na Eucaristia" (Conc. Vat. II). A Eucaristia impele o cristão para a participação na missão de Cristo: anunciar a Boa Nova da salvação, denunciar o pecado, estar a serviço do Reino. *'Missa' é 'missão'*. *"Vão em paz e o Senhor os acompanhe!"* Portanto, é unido ao Cristo Eucarístico e a toda a comunidade, à Igreja, nos cultos e missas, que os crismados encontrarão apoio, exemplo, força, dinamismo e perseverança na sua missão. De outro lado, sua presença e participação nas celebrações e atividades pastorais é motivo de entusiasmo e esperança, de renovação e crescimento para a sua comunidade-Igreja.

- Não deixe o Pai ficar triste pela ausência de um filho no *'encontro dos irmãos'*. Que esse filho não seja você!

- Cantar o refrão: *'Importa viver, Senhor, unidos no amor, na participação, vivendo em comunhão'*.

- Motivar para comerem juntos do mesmo pão, lembrando-lhes que a Eucaristia é partilha. [Intervalo breve para músicas ou brincadeiras e descanso].

CELEBRANDO NOSSO ENCONTRO

- Reunir-se no mesmo lugar ou na igreja.

- Sugestão para o comentário do catequista:
  - Está bem claro para vocês agora o que é Crismar?

- Convidá-los a ler a síntese do que refletiram, no livro.

- Convidá-los a registrar no livro:
  - A celebração da Crisma está marcada para o dia ___, às ____ horas, com o nosso Bispo _____.

- Motivá-los ao envolvimento na preparação do Rito da Crisma e à participação de todos na celebração:
  - Passar o Rito da Crisma (folheto do dia).
  - Distribuir, por grupos, as tarefas litúrgicas do dia: ornamentação e cantos [escolher e ensinar]; procissão de entrada com os padrinhos; leitores e comentarista; preces da comunidade; apresentação das oferendas (procissão com os símbolos: cartazes com o Pai-nosso e o Creio; crucifixo; Bíblia; vela; escolher painéis significativos da caminhada de preparação).
  - Pode-se preparar com os crismandos uma carta, breve, ao bispo, comunicando que estão preparados e aguardam com alegria a vinda dele, o Pastor. Todos assinam.
  - Combinar como avisar os pais e padrinhos sobre a data e horário da celebração. [Dar por escrito].
  - Convidar também os colegas e amigos.

- Antes de terminar e dispersar, rezar alternando a '*Sequência da festa de Pentecostes*'.

ANEXOS

ANEXO A
FICHA E CELEBRAÇÃO DO ESTÁGIO CRISMAL

1. FICHA DO ESTÁGIO DE PREPARAÇÃO À CRISMA:

- **Sugestões para o encaminhamento do Estágio Crismal:**
  - Conversar sobre as pessoas que fazem estágio e as razões de fazê-lo, para saber como agir, preparar-se, envolver-se com o que deseja realizar.
  - Comentar que a Crisma é o sinal do compromisso do cristão com a sua comunidade, com a Igreja. E esse compromisso exige uma decisão pessoal. Por isso, no decorrer dos encontros, vamos procurar crescer na amizade entre nós, conhecer melhor a Jesus Cristo e a sua Igreja. Vamos refletir sobre as diversas necessidades da comunidade e sobre os dons e a vocação que temos para colaborar na construção do Reino de Deus.
  - Explicar que a preparação para a Crisma inclui a participação nas celebrações litúrgicas da comunidade, a frequência aos encontros e fazer o Estágio Crismal, isto é, colaborar, por algum tempo (dois meses ou mais) em uma atividade pastoral ou social da Igreja.
  - Esclarecer aos crismandos que cada um escolheu esse tempo de preparação à Crisma...
  - Motivá-los para uma atividade prática ligada à vivência do que será refletido em cada encontro.

- **Etapas do Estágio Crismal:**

  1º Preparação: é o período de adquirir conhecimentos, crescer na amizade e na afetividade, corrigindo atitudes ou modificando a maneira de se relacionar com as pessoas.

Explicar que esse processo ocorre com a participação e envolvimento nos encontros.

2º Conhecer melhor as pastorais: no decorrer da preparação, oferecer conhecimentos e reflexões para conhecer melhor e poder participar de algumas atividades pastorais da comunidade.

3º Reflexão: esclarecer que assumir engajar-se na comunidade é comprometer-se com ela e suas ações e atividades, na luta pela justiça e por melhores condições para todos. Analisar, juntos, se estão dispostos a assumir o tempo de preparação semanal e o Estágio Crismal.

4º Assumir o compromisso.

- **Desenvolvimento de atividades em fases:**
  - *1ª fase*: Realizar uma primeira pesquisa informativa, geral, sobre as atividades pastorais e sociais da paróquia. Orientar para que descubram como funciona nossa Igreja na prática, como estão organizadas todas as atividades, movimentos, celebrações, associações, obras sociais.

  - *2ª fase*: Reunir e organizar as informações, a partir da pesquisa, sobre a visualização da Igreja Viva, que se expressa através de seus membros e de suas atividades.

  - *3ª fase*: Observar, durante uma semana, como as atividades funcionam na nossa comunidade e como é a participação das pessoas nelas. Registrar o que observarem.

  - *4ª fase*: Procurar por um responsável ou participante da pastoral ou atividade social que lhe coube pesquisar, informando-se e registrando os dados seguintes:
    - Atividade ou movimento:...
    - Objetivos (o que pretende):...
    - Dia, horário e local de funcionamento/reuniões:...
    - Para quem se destina?...
    - Quem lhes orienta? (responsável ou coordenador)...

✔ Há uma preparação ou planejamento? Como é feita?...

    - Obs.: Esse trabalho está proposto no encontro 8, mas pode ser antecipado.

- *5ª fase:* Organizar um quadro-síntese de todas as atividades e seu funcionamento, a partir dos resultados recolhidos nas pesquisas dos crismandos.

✔ Sugestão: o catequista pode levar um painel já traçado como o que se segue e preencher na hora ou fazer em quadro de giz, junto com os crismandos, consultando as fichas que preencheram.

✔ Exemplo:

Atividade comunitária de_____
(*nome da comunidade ou paróquia*).

ATIVIDADE	OBJETIVO	FUNCIONAMENTO	PARA QUEM?	RESPONSÁVEL
Por exemplo: 1. Catequese infantojuvenil	- Proporcionar às crianças a experiência da vivência cristã. - Orientação sistemática da doutrina cristã.	- Aos sábados, das 9h às 11h.	- Crianças e adolescentes, de 6 a 14 anos.	- Nome das pessoas:... - 18 catequistas:... - Outros colaboradores:...
2. Pastoral da Saúde	- Descobrir recursos alternativos para preservar a saúde.	- Reuniões: duas vezes ao mês. - Visitas. - Encontros de formação.	- Várias pessoas interessadas na prevenção de doenças na comunidade.	- Nome da pessoa:... - Equipe de Saúde:...
3. Preparação à Crisma	...	...	...	...

- *6ª fase: Formação dos grupos de estágio por atividades:*

✔ Organização dos grupos do Estágio Crismal, a partir do '*quadro-síntese*'.

✔ Apresentar o quadro-síntese das atividades da comunidade ou paróquia, resultado da pesquisa anterior e organizar com eles os grupos de estágio, a partir das opções feitas: cada crismando vai dizendo a sua primeira opção e seu nome vai sendo escrito debaixo da atividade escolhida.

- Depois de registrada a primeira opção de todos, pode acontecer que algumas atividades tenham maior número de escolhas do que outras. Todos observam o painel e verificam em que atividades pode haver um número maior ou menor de crismandos em estágio. Então, fazem as mudanças e trocas, dialogando sobre as outras opções feitas. É recomendável que se formem grupos e que não fique ninguém sozinho no estágio.

- Organizar um cartaz com os grupos de estágio.

- O catequista precisa conversar com os líderes (coordenadores) das diversas pastorais escolhidas para os estágios.

- Uma sugestão para organizar os grupos de estágio seria a de recolher as fichas e o catequista organizar, trazendo pronto o cartaz do estágio, para finalizar com os crismandos, ajustando de acordo com o que é mais viável para os envolvidos. Sugerimos, ainda, preparar uma *celebração de envio* dos crismandos para o estágio, em que podem ser apresentados os resultados da pesquisa e algumas reflexões do grupo. Esta celebração, se possível, deveria ser realizada com toda a comunidade.

- *7ª fase: Entrega das fichas individuais de acompanhamento do estágio.*

  - Explicar a ficha que está no anexo A, no livro dos crismandos, orientando o seu preenchimento.

- *8ª fase: Primeira avaliação do estágio.*

  - Analisar a necessidade de remanejamento, orientações e práticas, reforço e estímulo.

  - Escutar os comentários e ajudar a discernir as questões que aparecem sobre os fatos e acontecimentos observados e vividos no estágio.

- *9ª fase: O estágio e a vocação na Igreja.*
  - ✔ Questionamento e ligação do estágio com o tema '*vocação: sou chamado(a)!*'.
  - ✔ Explicar que é o momento de pensar melhor na vocação específica dentro da Igreja, perguntando-se:
    - O que posso fazer de concreto para minha comunidade?
    - A que vocação me sinto chamado(a)?
  - ✔ Comentar que não precisa esperar, nem ser convidado a agir. Pode tomar a iniciativa e se oferecer para ajudar no trabalho pastoral. Destacar que há vários ministérios leigos, conforme os dons e carismas: catequistas, ministros da palavra, dirigentes de círculos bíblicos, atuação na equipe de liturgia (ornamentação, cantos, leituras,...); explicar ainda que, pela graça e inspiração do Espírito Santo, os crismandos podem desempenhar algumas das vocações leigas ou de vida consagrada (padre, religiosa, diácono permanente...).

- *10ª fase: Segunda avaliação do estágio.*
  - ✔ Dialogar sobre o andamento do estágio.
  - ✔ Organizar um momento de análise das atividades, participação e desenvolvimento de cada crismando.

- *11ª fase: Término e avaliação do Estágio Crismal.*
  - ✔ Entrega das fichas do estágio de preparação à Crisma com: o relatório das atividades, a avaliação dos responsáveis pelas atividades estagiadas e a avaliação individual dos crismandos, concluída de acordo com a proposta no livro (anexo A: 1. Ficha de estágio de preparação à Crisma).

- Recomenda-se fazer a celebração de término do estágio, que propomos na sequência.

EU LHES DAREI O MEU ESPÍRITO

CELEBRAÇÃO DO TÉRMINO E AVALIAÇÃO DO ESTÁGIO CRISMAL

RECURSOS

- Vela e Bíblia.
- Papel, lápis, flores variadas (naturais ou artificiais) preparadas para cada crismando levar de lembrança.
- Uma caixa de surpresas: pequenos presentes (balas, chaveiros, lápis, cruzadinhas, objetos simbólicos preparados pelo grupo de catequistas) embrulhados e numerados, um para cada crismando.
- Fichas com os números dos presentes, dobradas em uma caixa.

INTERAGINDO

- Iniciar com um canto bem alegre.
- Preparar o ambiente na sala ou deslocar-se até à igreja, se possível.
- Seguir de acordo com o livro dos crismandos.
- Caso opte em fazer lembranças para o grupo, passar a caixa com os números dos presentes para cada crismando retirar uma ficha.

ILUMINANDO NOSSA VIDA

- Promover uma conversa sobre o tempo e as experiências do Estágio Crismal.

  Catequista: *Vamos iniciar, conversando sobre o tempo e as experiências do Estágio Crismal:*
  - *O que foi bom? O que vocês aprenderam?*

- *Que fatos e experiências vocês querem contar?*
- *Quem quer ler a avaliação do coordenador e a sua avaliação pessoal sobre o estágio?*

Catequista: *Os discípulos de Jesus viveram uma experiência semelhante à de vocês. Vamos ler e celebrar como aconteceu?*

- Aclamar a Palavra com o canto (pode-se escolher outro):
  - *'Aleluia, Aleluia, Aleluia! Jesus Cristo vai falar!*
    Aleluia, Aleluia! Ide pelo mundo o Evangelho anunciar'.

Leitor 1: *Os anunciadores do Reino – Lc 10,1-9.*

- Cantar o refrão: *'E pelo mundo eu vou, cantando o teu amor...'.* [Silêncio breve].

Leitor 2: *A alegria do discípulo – Lc 10,17-20.*

- Cantar o refrão: *'Anunciaremos teu Reino, Senhor...'.* [Silêncio breve].

Leitor 3: *Os pobres e pequenos evangelizam – Lc 10,21-24.*

- Cantar o refrão: *'Senhor, tu me olhaste nos olhos...'.* [Pausa. Distribuição de uma folha em branco e lápis para todos].

Celebrando nossa 'missão'

- Comentar:
  - Jesus acolheu, valorizou e se alegrou com os trabalhos missionários daqueles discípulos. Agora, ele acolhe e se alegra com o estágio de vocês, 'olhando' cada um nos olhos e no coração.
  - Vamos então, como os discípulos, cantar e oferecer a Jesus as coisas boas que experimentamos no Estágio Crismal, escrevendo no papel que pode ser assinado ou não.
  - Temos sobre a mesa alguns símbolos:
    - A vela acesa – sinal da presença de Jesus no nosso meio.
    - A Palavra de Deus – alimento na nossa caminhada.

- Uma jarra vazia, 'disponível' – como deve ser um discípulo de Jesus.
- Flores variadas – sinal de nossa alegria e de nosso esforço em colocar nossos dons a serviço da comunidade.

- Vamos ofertar a Deus, em nome de Jesus e pela graça do Espírito Santo, as alegrias e serviços prestados durante o Estágio Crismal. Cada um faz um rolinho com a folha escrita, colocando nele a haste de uma flor. Assim, vamos formar uma jarra bem bonita sobre o altar.

  - Canto de oferendas: '*De mãos estendidas, ofertamos o que de graça recebemos...*', ou outro refrão que todos conheçam.

- Vamos terminar nossa celebração, expressando a amizade que existe entre nós, rezando o Pai-nosso, de mãos dadas.

  Obs.: Não esquecer de entregar os presentes/lembranças, caso tenha preparado.

- Aproveitar para dar os avisos necessários: Tríduo Crismal, Retiro Crismal, preparação da Missa da Crisma.

ANEXO B
"QUEM DIZEM VOCÊS QUE EU SOU?" (Lc 9,20)

RECURSOS

- Diálogo do Papa João Paulo II com os jovens da França.
- Bíblia e velas.
- Cartaz com a pergunta-título deste tema.
- Painel com a figura de Jesus ao centro.
- 10 fichas em papel colorido com o texto bíblico e o tema do trabalho para os grupos.
- Revistas para recorte; tesouras; cola.
- CD *'Ele te chama'*, grupo Quaerite, faixa 11.

INTERAGINDO

- Dialogar sobre as impressões e sentimentos que tiveram ao ler o diálogo do Papa João Paulo II com os jovens da França, proposto pelo catequista no tema 11 – *'Ser Adolescente e Jovem hoje'*.
- Solicitar para que alguém leia a primeira parte do diálogo, em que os jovens franceses perguntaram ao Papa: *"Quem é Jesus Cristo?"*
- Ouvir com atenção e motivar a reflexão.
- Orientar a atividade 1.

ILUMINANDO NOSSA VIDA

- Ler Lc 9,18-20.
- Refletir:
  - Jesus, hoje, dirige esta pergunta a cada um de nós: *"Quem dizem vocês que eu sou?"* [Ler juntos do cartaz].
- Vamos procurar responder a essa pergunta através dos retratos que temos de Jesus: os Evangelhos.
- Motivá-los a formarem dez grupos. Cada grupo terá um tema para procurar nos textos que falam de Jesus e chegar às suas conclusões:

  1º Jesus cultiva amizades, não tem preconceitos: Lc 19,1-9.

  2º Jesus cura o corpo e o espírito: Mt 9,1-8.

  3.º Jesus mostra atenção especial às crianças e pobres: Mt 19,13-15 e Lc 18,35-43.

  4º Jesus ensina a rezar: Mt 6,5-14.

  5º Jesus ensina com pequenas histórias, fazendo comparações, para o povo entender melhor: Mt 13,1-23.

  6º Jesus coloca as necessidades das pessoas acima da lei, e nos dá uma nova lei: Mt 12,1-8 e Jo 13,34-35.

  7º Jesus liberta as pessoas e é a fonte da verdade: Jo 8,31-47.

  8º Jesus ama até à morte: Jo 10,11-17.

  9º Jesus vence a morte: Lc 7,11-17 e Jo 20,11-18.

  10º Jesus anuncia que enviará o Espírito Santo de Deus: Jo 15,26-27 e Atos 1,6-8.
- Distribuir uma ficha para cada grupo.

- Cada grupo, reunido, lê e reflete um pouco; depois, preenche a ficha indicando o que descobriram no texto e na reflexão que fizeram, 'retratando' Jesus.

- Cada grupo comenta os trechos do Evangelho e demonstra para a turma o 'retrato' que fez de Jesus a partir deles.

- Depois, enquanto a turma canta algum refrão que lembre o tema (sugestão: 'Te amarei, Senhor! Te amarei, Senhor! Eu só encontro a paz e a alegria bem perto de ti!'), alguém do grupo que apresentou cola sua ficha no painel, próxima ao rosto de Jesus.

- Terminada esta etapa, distribuir as revistas aos grupos para que recortem gravuras que expressem o 'rosto' de Jesus hoje, em situações de respeito e desrespeito, de amor e desfiguração. Fazer o mesmo procedimento: cada grupo escolhe uma imagem, apresenta-a à turma, comenta e afixa-a no painel, agora em volta das fichas. Sugestão de canto: 'Seu nome é Jesus Cristo...'.

NOSSO COMPROMISSO

- Comentar:
  - Este tema nos chama para o compromisso do respeito diante de todas as pessoas que encontramos. São 'rostos' de Jesus, desfigurados ou não, e precisam ser amados, acolhidos, respeitados em sua dignidade.
  - É conforme o acolhimento que fazemos de Jesus, nessas pessoas, que seremos acolhidos no Reino de Deus. Jesus mesmo se identifica com 'estes rostos' para nos ensinar como encontrá-lo nos irmãos.

- Ler Mt 25,35-40 e praticar.

CELEBRANDO NOSSO ENCONTRO

- Preparar o ambiente: o painel, a Bíblia e velas acesas.
- Comentar:
  - Essas são as realidades que *'emolduram'* e representam nossa aceitação de Jesus e sua acolhida nos irmãos.
- Motivar à contemplação: *'Este é o rosto de Deus Encarnado'*. Depois, rezar pausadamente o *'Credo'*, composto nos concílios de Niceia e Constantinopla, que a Igreja nos propõe recitar em algumas missas durante o ano litúrgico (atividade 2).
- Vamos ler Mt 25,35-40: *"... todas as vezes que vocês fizeram isso a um dos menores de meus irmãos, foi a mim que o fizeram..."*.
- Encerrar ouvindo e cantando, rezando, a música: *'Mestre, onde moras?'*, cuja letra está na atividade 2.

ANEXO C
JESUS DÁ PLENO CUMPRIMENTO AO PROJETO DE JAVÉ

RECURSOS

- O painel sobre Jesus (Anexo B).
- Cartaz com os mandamentos.
- Cartolina e pincéis atômicos.
- Bíblias para os grupos, velas.
- CD '*Ele te chama*', grupo Quaerite, faixa 8.

INTERAGINDO

- Iniciar explorando se percebem quais os mandamentos que estamos vivendo e quais estão sendo esquecidos, por nós e pela comunidade.
- Questionar e dialogar:
  - Por que será que mesmo querendo ser fiéis à Aliança com Deus, vivendo o seu Projeto de Vida e Libertação, nem sempre conseguimos?

ILUMINANDO NOSSA VIDA

- Comentar e questionar:
  - Já vimos que o Povo de Deus também enfrentou dificuldades, como nós hoje. Apesar de sua infidelidade, Javé-

Deus não desistiu deles, pelo contrário, enviou profetas para alimentar a esperança do povo e sua fé, fazendo crescer entre eles a esperança no Messias, isto é, o *'abençoado e enviado'* por Deus para uma missão.

- A ideia que faziam do Messias era, porém, diversa entre os vários segmentos do povo. Havia os que esperavam um Messias-guerreiro; outros esperavam um novo Moisés que os faria retomar a Palestina e, outros, um Messias-profeta.

  ✔ Como seria, afinal, o Messias?

- O povo pobre, oprimido, esperava um Messias servidor de Javé, que ficaria do seu lado, que curaria suas dores, enxugaria suas lágrimas e ensinaria um jeito novo de viver, restaurando a vivência do Projeto de Javé. Ele ensinaria o povo a viver, de novo, a fidelidade à Lei de Deus, mesmo sofrendo a incompreensão dos poderosos e a consequente perseguição.

  ✔ E vocês, o que acham? O Messias-Salvador chegou mesmo? O que vocês sabem disso? A que expectativas ele respondeu? [Ouvir].

- Sabemos que Jesus realizou as profecias que anunciavam a vinda do Salvador. Na verdade, ele veio refazer a Antiga Aliança do Povo com Javé: a fidelidade ao Projeto de Vida e Libertação como único caminho para a felicidade. Esta Aliança supõe uma relação de amizade filial com Deus, o Criador de tudo. E, por causa disso, a fraternidade entre todas as pessoas. Enfim, a volta ao respeito e harmonia com a natureza, também provenientes de Deus.

- Jesus, através de sua vida e palavras, anunciou que havia chegado esse tempo de salvação: a hora do Messias. Só que ele ultrapassou as expectativas de todos. No seu tempo, havia muita distorção na religião: líderes políticos e sacerdotes, os ricos e os poderosos da época, esqueciam completamente o seu compromisso de Povo de Deus, ou, então, interpretavam a seu modo as Escrituras, para que servissem aos seus interesses; adotavam o antigo projeto do Faraó, chamando-o de Lei de Deus; agiam impelidos pelo espírito do mal, das trevas, da ambição, da mentira. Jesus, porém, restaurou a fidelidade ao Projeto de Javé.

- Motivar para lerem os textos bíblicos indicados, que nos mostram, em três momentos, o ensinamento de Jesus e dos apóstolos a cerca do cumprimento da Lei:

1º Mt 5,17-20.

2º Mt 22,34-40.

3º Rm 13,8-10.

- A partir das reflexões, os grupos constroem um cartaz sobre o maior mandamento.

- Fazer a leitura no livro e realizar a atividade 1.

- Como motivação, fazer a leitura (em forma de jogral, com dois grupos: A – B) do texto '*Jesus assume o Projeto de Javé*', que nos recorda a contradição entre a ação de Jesus e a dos líderes judeus.

- Jesus nos ensina uma nova forma de viver a Nova Aliança.

- Dividir a turma em 3 grupos e solicitar que leiam um dos textos indicados a seguir, buscando identificar como, nos Evangelhos, o Projeto de Javé é aperfeiçoado por Jesus (atividade 2):

  - Textos:
    - Mt 5,1-12 – O Sermão da Montanha.
    - Mt 6,9-13 – A oração do Pai Nosso
    - Lc 1,46-55 – O cântico de Maria.

- Cada grupo apresenta as suas conclusões sobre como Jesus nos ensina a viver o Projeto do Pai e todos anotam as conclusões no espaço da atividade 2.

EU LHES DAREI O MEU ESPÍRITO

NOSSO COMPROMISSO

- Refletir com os crismandos possibilitando-lhes discernir o que cada um é capaz de assumir para viver, a exemplo de Jesus, o Projeto do Pai.

CELEBRANDO NOSSO ENCONTRO

- Preparar o ambiente: Bíblia, velas e os painéis.
- Motivar para uma oração penitencial:
  - Cada um faz, espontaneamente, um pedido de perdão pelas infidelidades ao Projeto do Pai: lembrar situações do grupo, da comunidade, das famílias, da Igreja, da sociedade, do mundo.
  - Após cada pedido de perdão, rezar ou cantar um refrão penitencial: *'Senhor, tende piedade de nós!'; 'Piedade, piedade de nós!'*.

  Catequista: *'Que o Deus todo-poderoso tenha compaixão de nós, e nos acolha na graça de seu perdão'.*

  Todos: *Amém.*

- Motivar para rezarem a oração do Pai-nosso, juntos.

ANEXO D
CRISMA NA IGREJA NASCENTE

RECURSOS

- Cartolina ou quadro de giz.
- Bíblia e livros dos crismandos.
- Lembrança do encontro: saquinhos plásticos transparentes (de mais ou menos 15 x 5cm), vela de aniversário, fitilho colorido, sal e bilhete com a inscrição: *'Vós sois o sal da terra! Vós sois a luz do mundo!'* (Mt 5,13-16).

INTERAGINDO

- Propor a confecção de um painel sobre o que sabem a respeito da *'idade'* e dos *'motivos'* de se batizar os filhos em nossa comunidade. Conversar e refletir.
- Podemos agrupar os motivos em 3 tipos, por exemplo:
  - Crendice popular e religiosidade:
    - Batizar o filho para não ficar pagão.
    - Batismo cura doenças, faz dormir bem, faz parar de chorar.
    - Se não batizar fica feito bicho, não é igual aos outros.
    - Se morrer sem Batismo, a criança não vai para o céu.
  - Legalismo e obrigação moral:
    - É obrigação dos pais batizar seus filhos.
    - Se não batizar a criança, ela não se salva.
    - É lei da Igreja e a gente tem que cumprir.
    - É costume e tradição nas famílias católicas.

- Para ter um padrinho que cuide do(a) afilhado(a) na falta dos pais.
- Teológicos – ligados de alguma forma à Igreja, à vida cristã:
  - Batizar para ser filho de Deus, ser cristão.
  - Para pertencer à Igreja e poder comungar, crismar e casar.
  - Para apagar o pecado original.
  - Para que a criança possa se salvar.
  - Para seguir a Jesus Cristo e seus ensinamentos.
  - Para viver mais com Deus e ser bom.
  - Porque os pais são cristãos e querem que o seu filho também o seja.

- Questionar e comentar:
  - Qual a idade preferida pelos pais para batizar seus filhos hoje?
    - Assim como os pais têm a responsabilidade de fazer as escolhas que garantam aos filhos crescer e se desenvolver de forma saudável – alimentação, língua que vai falar, as vacinas, a escola etc. – escolhem também uma religião ou comunidade de fé, através do Batismo. Pelo exemplo e Catequese dessa Igreja escolhida, iniciam e educam seus filhos na fé. Portanto, como acontecia com o Povo de Deus, desde o início de sua história, também hoje os filhos '*herdam*' a fé e a vivem na '*igreja doméstica*', a família, até o momento de assumirem a sua fé, confirmando-a no Sacramento da Crisma e no seu engajamento na comunidade.
  - E nós, estamos certos disso? Queremos, por vontade própria, comprometer-nos com a Igreja e nos prepararmos para a Crisma?

- Sugerir que anotem sua resposta na atividade 1. E, depois, motivar a cantar.

ILUMINANDO NOSSA VIDA

- Questionar:
  - Vocês sabem como era a admissão dos novos cristãos nas primeiras comunidades apostólicas – a Igreja Nascente?

- Comentar:
  - Desde as primeiras comunidades recém-formadas pelos apóstolos – a Igreja Nascente ou Primitiva – se exigia consciência, decisão e vivência da fé para os adultos serem admitidos na comunidade dos fiéis.
  - Já sabemos que, hoje, batizam-se as crianças recém-nascidas e ainda pequeninas. Ainda são raros os casos de Batismo de adultos.
  - Porém, nem sempre foi assim. Nos três primeiros séculos do Cristianismo, o Batismo, a Crisma e a Eucaristia aconteciam em uma mesma celebração litúrgica, chamada 'Iniciação Cristã', ou seja, marcava a entrada na Igreja de Jesus Cristo. A Iniciação Cristã era conferida a pessoas adultas 'convertidas'.
  - Para entrar na comunidade dos seguidores de Jesus era necessário conhecer bem esse Jesus de Nazaré: sua origem, sua vida, seus ensinamentos, os motivos de sua morte, acreditar na sua ressurreição e na sua permanência no meio dos fiéis.
  - Isso exigia uma preparação longa (de dois a três anos) e séria [ir anotando no quadro de giz ou na cartolina-painel] chamada de 'Catecumenato', que compreendia:
    - ✔ *Anúncio de Jesus Cristo* (Querigma): pré-catecumenato.
    - ✔ *Conversão ao Evangelho*: catecumenato inicial.
    - ✔ *Preparação intensiva* – O Mistério Pascal de Cristo: catecumenato quaresmal.
    - ✔ *Liturgia da Iniciação Cristã* – Batismo, Crisma e Eucaristia: na Vigília Pascal.

- ✔ *Catequese Mistagógica* (dos sinais, dos *'mistérios'*, dos Sacramentos): durante as sete semanas do Tempo Pascal até Pentecostes.

- Orientar a atividade 2 no livro do crismando.

- Comentar:
  - Como vimos, nos três primeiros séculos da Igreja, os cristãos eram preparados seriamente e por longo tempo para assumirem a fé cristã. Conhecendo a história do Catecumenato, percebemos como a Igreja conserva e atualiza a vida cristã e compreendemos a preparação necessária à Crisma hoje.

- Motivar para que, em duplas, realizem as atividades 3 e 4 estabelecendo um quadro-resumo sobre o sentido de crismar nas primeiras comunidades cristãs e em nossas comunidades hoje. Apresentamos na sequência um referencial.
  - *No tempo das primeiras comunidades*:
    - ✔ Naqueles tempos difíceis de perseguição, de muita idolatria, crenças diversas, magia, dúvidas e heresias, o cristão admitido na comunidade dos seguidores de Jesus precisava estar preparado para viver fielmente a sua opção por Cristo, disposto até a dar a vida pela defesa de sua fé, se necessário fosse. O modo de vida dos cristãos questionava e provocava inquietação e desafio aos líderes do Império Romano e, por isso, *'era um risco, ser cristão!'* Há exemplos de catecúmenos que foram presos e martirizados juntamente com outros cristãos. Tornaram-se batizados e crismados não pela água e o óleo, mas pelo próprio sangue, no martírio.

- *Hoje:*

  - ✓ Olhando para a nossa sociedade, observamos a marca do pluralismo religioso, os problemas sócio-político-econômicos, ecológicos, a mudança de valores e o individualismo, que é uma das tentações da modernidade (*'cada um por si e Deus por todos'*).

- *E para nós:*

  - ✓ Vocês acham que crismar tem sentido? Acreditam que neste Sacramento somos investidos dos dons e da força do Espírito Santo para sermos fiéis, para testemunharmos nossa fé com coragem, sem fraqueza ou respeito humano?

  - ✓ Queremos, daqui para frente, ser cristãos autênticos, na luta pela justiça e pelas condições de uma vida melhor para todos, mesmo que isso implique arriscar a vida ou perdê-la, como tem acontecido com muitos?

  - ✓ O tema desta semana nos chama para o importante compromisso de dizermos SIM ou NÃO para a continuidade nesta catequese de preparação à Crisma:

    - Crismar, para cada um de nós, deve significar fé adulta e engajada. É por isso que participamos desses encontros? Estamos dispostos a assumir o *'tempo'* de preparação nos encontros semanais? Queremos nos inserir na comunidade de forma a participar ativamente de suas ações pastorais e litúrgicas?

NOSSO COMPROMISSO

- Motivá-los a que, a partir da memória que fizeram acerca do rito de entrada dos catecúmenos na Igreja Nascente, renovem o desejo de receber o Sacramento da Crisma e do compromisso de participar da Catequese com verdade e responsabilidade.

CELEBRANDO NOSSO ENCONTRO

- Poderá preparar este momento seguindo o livro dos crismandos:

    Catequista: *Vamos ler, no Evangelho de João 15,1-17, a comparação da videira com seus ramos unidos ao tronco. Como batizados, fomos enxertados no tronco, participando da vida de Jesus.*

    - Ler e concluir: Pela Crisma, somos chamados a testemunhar Jesus e a dar frutos, alimentando e fazendo crescer a vida da comunidade. O fruto por excelência é o amor.

    Catequista: *Vamos rezar, escolhendo um canto para expressar o agradecimento pelos dons de cada um.*

    - Pode-se encerrar com um refrão orante, cantado ou rezado. Por exemplo: 'Vós sois o sal da terra! Vós sois a luz do mundo! Sal que dá sabor, luz que dá calor! Sal e luz, sal e luz! – diz o Senhor.' (KOLLING, Ir. Míria T. *Encontro de liturgia e canto pastoral*, 2003, n.º 15, p. 15. Apostila).

- Uma bonita sugestão para marcar de forma significativa e simbólica o SIM dos crismandos: fazer uma lembrança para entregar no final do encontro, conforme o modelo que segue (os materiais estão indicados em Recursos). Acender a vela enquanto rezam ou cantam o refrão.

ANEXO E
TRÍDUO DE PREPARAÇÃO
PARA A CRISMA

PRIMEIRO DIA DO TRÍDUO

PREPARANDO:

- Convidar a família para um momento de reflexão e oração com o crismando. Escolher entre os convidados, o comentarista e os diversos leitores. Preparar o local da casa onde vai ser realizada a reunião, colocando sobre uma mesa a Bíblia, ou Novo Testamento, uma vela, uma jarra com água, flores, uma cruz, um terço.

- A oração pode ser iniciada e terminada com um canto conhecido dos participantes.

CELEBRANDO:

- **Comentarista:** Estamos aqui reunidos em nome do Pai e do Filho e do Espírito Santo.

- **Todos:** Amém.

- **Comentarista:** Aqui nos reunimos a convite do crismando, nosso (filho, primo N...) para refletir com ele sobre o valor da religião com a qual ele agora se compromete, através do Sacramento da Crisma.

- **Leitor 1:** Nós já vivemos com ele muitos momentos alegres e felizes. Quem daqui se lembra de um momento agradável que passamos juntos? [Deixar que os presentes se recordem e contem]. Então, vamos agradecer a Deus esses momentos que recordamos agora e colocar, nesta jarra, algumas flores como sinal de nossas alegrias, oferecendo-as a Deus, enquanto rezamos:

- **Todos:** *'Uma só coisa peço ao Senhor: habitar a sua casa todos os dias da minha vida!* (cf. Sl 27,4).

- **Leitor 2:** Também passamos juntos por algumas dificuldades e aflições. Quem se lembra de algum desses momentos? [Deixar que contem e rememorem fatos da vida do crismando e de sua família]. Nessas horas, sentimos que Deus não nos abandonou e se fez presente através da solidariedade da família. Vamos colocar junto das flores esta cruz, como sinal da nossa participação no sofrimento de Jesus, enquanto rezamos:

- **Todos:** *"Só em Deus a minha alma repousa, dele vem a minha salvação"* (Sl 62,1).

- **Comentarista:** Agora, vamos iluminar estes valores que vivemos em família com a Boa Nova que Jesus nos trouxe. Como sinal de nossa fé na Palavra de Deus, vamos acender esta vela. [Escolher uma pessoa para ler o texto, que pode ser dialogado.]

- **Leitor 3:** Evangelho de Nosso Senhor Jesus Cristo, segundo Lucas (Lc 24,13-35).

- **Comentarista:** Quem gostaria de comentar o Evangelho, procurando os sinais que Jesus deu de sua presença entre os discípulos. [Deixar que se manifestem.]

- **Leitor 4:** Vimos que Jesus se deu a conhecer através de três situações:
  - Caminhou com os amigos em momentos de tristeza, angústia e ansiedade.
  - Apontou a religião como uma fonte de respostas aos questionamentos humanos.
  - Partilhou o pão com os discípulos, dividindo-o com gestos muito próprios.

- **Comentarista:** Podemos dizer que nossa família tem sido discípula de Jesus, dando exemplos de solidariedade, união? [Deixar que falem.]

- **Leitor 1:** Em que momentos da nossa vida em família valorizamos nossa religião como fonte de sabedoria e caminho de salvação? [Ouvir.]

- **Leitor 2:** Quais os gestos de partilha e ajuda que nossa família cultiva especialmente? [Esperar que descubram juntos.]

- **Crismando:** Em nossas reflexões, descobrimos que nossa família tem valores cristãos, que se revelam na rotina de cada dia. Como os discípulos de Emaús, é uma família caminhante, procurando o Mestre ressuscitado na vida de cada membro.

- **Todos:** Reconhecemos a mão de Deus que derrama suas bênçãos copiosas sobre nós. De tal maneira, que podemos dizer como São Paulo: *"Quer vivamos, quer morramos, pertencemos ao Senhor!".*

- **Comentarista:** Vamos encerrar nossa oração de hoje, dando-nos as mãos em sinal do nosso desejo de estarmos sempre unidos, rezando a oração que Jesus nos ensinou: Pai Nosso...

SEGUNDO DIA DO TRÍDUO

PREPARANDO:

- Este dia será dedicado aos vizinhos, colegas e amigos do(s) crismando(s) e também aos seus familiares.

- Motive-os a que convidem os padrinhos.

- Os cantos serão escolhidos de acordo com a realidade local.

- Preparar: uma Bíblia, um cartão (folha de papel ou coração recortado) e uma planta.

CELEBRANDO:

- **Comentarista:** Estamos aqui reunidos em nome do Pai e do Filho e do Espírito Santo.

- **Todos:** Amém.

- **Comentarista:** Aqui nos reunimos a convite dos nossos amigos comuns:... (citar os nomes), que, em sua preparação para o Sacramento da Crisma, querem refletir conosco sobre o valor da vida em comunidade.

- **Todos:** Sentimo-nos felizes por esta ocasião de repensar nossa vida e agradecer a Deus.

- **Vizinho(a) 1:** Na verdade, a proximidade de nossas casas e a certeza de viver entre amigos, faz nossa vida mais confortável e mais segura.

- **Vizinho(a) 2:** Em cada um dos amigos, vizinhos, companheiros, sentimos que Deus se faz presente em nossa vida.

- **Todos:** Deus é nosso refúgio e nossa força, defensor alerta nos perigos.

- **Comentarista:** Vamos lembrar, agora, e colocar em comum, o início da nossa amizade e vizinhança. Quem quer começar a contar? [As pessoas trocam a sua experiência do início da amizade e de como se tornaram vizinhas.]

- **Comentarista:** Vamos deixar que a Boa-Nova de Jesus ilumine esta amizade que nos une, para torná-la ainda mais rica, e mais perfeita, como o Pai quer que vivamos.

- **Leitor:** Evangelho de Nosso Senhor Jesus Cristo, segundo João (Jo 15,7-17).

- **Comentarista:** Quem quer fazer algum comentário sobre estas palavras tão emocionantes? [Esperar que se manifestem.]

- **Comentarista:** Vamos escrever neste cartão, (folha de papel ou coração recortado) os nossos nomes, que fazem parte da história cristã e marcam este momento tão importante na nossa vida. [Enquanto escrevem, podem ouvir uma música referente ao tema.]

- **Vizinho(a) 3:** Sabemos que nosso relacionamento está longe da perfeição. Mas, sabemos também, que a cada dia podemos crescer na amizade e na confiança recíprocas. Esperamos que... [citar o nome do(s) crismando(s)], que nestes dias se compromete com Cristo, seja na comunidade o testemunho vivo das palavras de Jesus. Que esta planta seja um sinal da nossa esperança de que isto aconteça. Enquanto o(s) crismando(s) colocam a planta junto à Palavra de Deus e das nossas assinaturas, vamos rezar:

- **Todos:** Que a Palavra de Deus cresça em nossas vidas.

- **Vizinho(a) 1:** Vamos nos lembrar também de Maria –aquela que foi mãe, parente, vizinha, amiga, sempre fiel. Que possamos cantar como Maria, em nossa caminhada:

- **Todos:** '*O Senhor fez em mim maravilhas, Santo é o seu nome!*'

- **Comentarista:** Vamos terminar nossa oração, abençoando o(s) nosso(s) crismando(s)..., para que a Palavra de Deus, que hoje refletimos, germine e cresça em seu coração e dê frutos para toda a nossa comunidade. Vamos levantar nossas mãos sobre o(s) crismando(s) e dizer todos juntos:

- **Todos:** Que o Pai e o Filho e o Espírito Santo o abençoe e o faça feliz. Amém. Amém. Amém.

- **Canto:** '*Isto é a felicidade...*'.

TERCEIRO DIA DO TRÍDUO: CELEBRAÇÃO DO PERDÃO

Preparando:

- Participação dos pais, padrinhos e crismandos.
- Esta celebração deve ser preparada anteriormente e realizada em data próxima à da Crisma.
- Na entrada, todos os participantes recebem uma folha seca, de planta, distribuída por alguns crismandos.

Celebrando:

I. Acolhida:

- **Presidente:** Em nossos encontros, temos procurado conhecer melhor a Jesus, com quem queremos nos comprometer pelo Sacramento da Crisma. Ao mesmo tempo, experimentamos nossa dificuldade em sermos cristãos de fato: somos fracos, erramos, deixamos de viver o amor, como Jesus viveu. Mas, o próprio Jesus nos ensina que o perdão é parte essencial da vida cristã. E é este perdão que viemos buscar hoje, nesta celebração. Vamos iniciar em nome do Pai e do Filho e do Espírito Santo.
- **Todos:** Amém.
- **Canto:** '*Povo Novo...*' [durante o canto vão sendo levados alguns símbolos: na 1ª estrofe: a vela acesa; na 2ª estrofe: a Bíblia; na 3ª estrofe: a cruz; e, na 4ª estrofe: flores]:

1. *Quando o Espírito de Deus soprou, o mundo inteiro se iluminou.*

   A esperança na terra brotou, e um povo novo deu-se as mãos e caminhou.

   Lutar e crer, vencer a dor. Louvar ao Criador.

   Justiça e paz hão de reinar. E viva o Amor!

2. *Quando Jesus a terra visitou, a Boa Nova da justiça anunciou.*

   O cego viu, o surdo escutou, e os oprimidos das correntes libertou.

3. *Nosso poder está na união. O mundo novo vem de Deus e dos irmãos.*

   Vamos lutando contra a divisão e preparando a festa da libertação.

4. Cidade e campo se transformarão, jovens unidos na esperança gritarão.

A força nova é o poder do amor, nossa fraqueza é a força em Deus libertador.

(KOLLING, Ir. Míria T. et al. *Cantos e orações*: para a liturgia da missa, celebrações e encontros. Petrópolis: Vozes, 2004).

II. Escuta e reflexão da Palavra:

• **Comentarista:** Nós vamos assistir agora a dramatização (ou leitura dialogada) de alguns textos do Evangelho de Lucas, que nos mostram como Jesus acolhe, perdoa e liberta aqueles que o procuram: Lc 18,35-43; Lc 17,11-19; Lc 19,1-10.

• **Comentarista:** O que mais nos impressionou nas atitudes das pessoas aqui representadas, e em Jesus? [Deixar que falem.]

• **Presidente:** [Conclui a reflexão] – Pudemos notar que as pessoas se sentiam animadas a procurar Jesus, confiantes de encontrar nele a ajuda de que neces-sitavam. E Jesus as acolhia, ajudando-as a se libertarem daquilo que impedia a sua felicidade, dando-lhes a visão, reintegrando-as na comunidade pela cura, o perdão e a recon-

ciliação. [Completar com os comentários feitos pelo grupo.]

III. O perdão em nossa vida:

• **Comentarista:** Como vimos nos textos, nós também enfrentamos dificuldades: a nossa falta de fé, de confiança; falta de justiça com as pessoas; o nosso medo. Mas, sabemos que Jesus é nosso amigo e nos acolhe como somos. Ele está do nosso lado. É nossa força e alimento no dia a dia. Vamos, então, conversar com Jesus em dois momentos:

- <u>Primeiro</u>: Façamos nosso pedido de perdão. Falemos com Jesus sobre as faltas que cometemos em família, com os amigos, na escola, no trabalho... quando ofendemos as pessoas ou fomos ofendidos por alguém. Tenhamos a mesma certeza que Zaqueu, o cego e os leprosos tiveram de serem acolhidos e atendidos por Jesus.

- <u>Segundo</u>: Façamos também nosso agradecimento por tudo de bom que acontece na nossa vida: como o leproso que voltou para agradecer o que Jesus realizou na vida dele. [Dar o tempo necessário. Se possível, colocar uma música instrumental, bem baixinho.]

- **Presidente:** [Motiva o arrependimento com um ato penitencial].

- **Comentarista:** Na parábola do 'Filho Pródigo', Jesus conta como o pai acolhe com alegria aquele que volta arrependido e pede perdão. Vamos perceber essa alegria através de um canto. Enquanto cantamos, vamos fazer um gesto simbólico do perdão que Deus nos dá. Como sinal de que Jesus Cristo nos perdoa, nos purifica e liberta de tudo que nos impede de viver como ele quer, vamos amassar a folha seca que temos nas mãos, jogá-la neste lixeiro e trocá-la por uma folha verde e nova, sinal da vida nova que queremos viver, após esta confissão. [Alguns crismandos vão recolhendo as folhas amassadas e distribuindo as folhas verdes].

- **Cantos:** *Muito alegre eu te pedi o que era meu...'; 'Eu canto a alegria, Senhor...'.*

- **Presidente:** Ao encerrarmos esta celebração do perdão de Deus, vamos rezar a oração do Pai-nosso, pedindo a Deus que nos perdoe assim como também nós nos comprometemos em perdoar. Que as nossas mãos dadas sejam o sinal do compromisso que assumimos de perdoar sempre.

- **Todos:** Pai Nosso...

- **Canto:** *'Isto é a Felicidade...'*, ou outro.

- **Presidente:** Desça sobre nós a bênção do Deus Todo Poderoso: Pai e Filho e Espírito Santo.

- **Todos:** Amém.

- **Presidente:** Vamos em paz e que o Senhor nos acompanhe!

- **Todos:** Graças a Deus!

ANEXO F
PÓS-CRISMA: ORAÇÃO –
PERSEVERANÇA – ENGAJAMENTO

Encontro celebrativo: "*...Ide preparar-nos a Páscoa para comermos*" (Lc 22,8).

RECURSOS

- Preparar o ambiente: Bíblia, velas, flores e sementes; lembranças confeccionadas pelo catequista.
- Iniciar com uma acolhida festiva, alegre e carinhosa.
- Combinar com os crismandos, antecipadamente, para que cada um traga um prato de doce ou salgado e sucos.

INTERAGINDO

- Aproveitar para motivar e orientar a avaliação desta caminhada de preparação à Crisma:
  - Pensar... / – Rezar... / – Assumir a Missão...
  - O que foi bom? O que aprenderam? O que se pode melhorar para as turmas que virão?
- Se achar conveniente, pode-se fazer primeiro em pequenos grupos para depois fazer o plenário com toda a turma.

ILUMINANDO NOSSA VIDA

- Ler, pausadamente, o texto da carta-mensagem do Papa João Paulo II para a XX Jornada Mundial da Juventude, realizada em agosto de 2005 em Colónia, na Alemanha. A carta-mensagem foi escrita em 2 de agosto de 2004 (o texto também está no livro dos crismandos).

- Como sugestão, pode-se alternar entre os crismandos a leitura por parágrafos ou seguindo a numeração das temáticas (de 1 a 7).

- Fazer, entre um trecho e outro, um momento de silêncio, comentários e perguntas. Ver se estão compreendendo as palavras do Papa e as estão relacionando à caminhada que fizeram durante este ano de preparação crismal. Reforçar as frases em que o Papa insiste no compromisso que cada jovem tem com a transformação do mundo.

- Preparar bem a leitura desta carta, sublinhando as partes do texto mais significativas para a turma. Assim, durante o encontro, saberá indicar e chamar a atenção dos crismandos para isto.

Mensagem do papa João Paulo II para a XX Jornada Mundial da Juventude Colónia (Alemanha) - agosto de 2005

"Viemos adorá-lo" (Mt 2,2).

Caríssimos jovens!

1. Celebramos este ano a XIX Jornada Mundial da Juventude meditando sobre o desejo expresso por alguns gregos, que chegaram a Jerusalém por ocasião da Páscoa: "Queremos ver Jesus" (Jo 12,21). E eis-nos agora a caminho de Colónia, onde em agosto de 2005, será realizada a XX Jornada Mundial da Juventude. "Viemos adorá-lo" (Mt 2,2): eis o tema do próximo encontro mundial juvenil. É um tema que permite que os jovens de todos os continentes repercorram idealmente o percurso dos Magos, cujas relíquias, segundo uma tradição piedosa, são veneradas precisamente naquela cidade, e encontrem, como eles, o Messias de todas as nações. Na realidade, a luz de Cristo já esclarecia a inteligência e o coração dos Magos. "Eles partiram" (Mt 2,9), narra o evangelista, lançando-se corajosamente por estradas desconhecidas empreendem uma viagem longa e difícil. Não hesitam em deixar tudo para seguir a estrela que tinham visto surgir no Oriente (cf. Mt 2,1). À imitação dos Magos, também vós, queridos jovens, vos preparais para realizar uma "viagem" partindo de todas as regiões do globo para Colónia. É importante que não vos preocupeis apenas da organização prática da Jornada Mundial da Juventude, mas é necessário que vos ocupeis, em primeiro lugar, da sua preparação espiritual, numa atmosfera de fé e de escuta da Palavra de Deus.

2. "E a estrela... ia adiante deles, até que, chegando ao lugar onde estava o Menino, parou" (Mt 2,10). Caríssimos, é importante aprender a perscrutar os sinais com os quais Deus nos chama e nos guia. Quando temos a consciência de sermos guiados por ele, o coração experimenta uma alegria autêntica e profunda, que é acompanhada por um desejo sincero de o encontrar e por um esforço perseverante em segui-lo docilmente. "Entrando na casa, viram o Menino com Maria, sua mãe..." (Mt 2,11). Nada de extraordinário à primeira vista. Contudo, aquele Menino é diferente dos outros: é o Filho unigênito de Deus que se despojou da sua glória (cf. Fl 2,7) e veio à terra para morrer na Cruz. Desceu entre nós e fez-se pobre para nos revelar a glória divina, que contemplaremos plenamente no Céu, nossa pátria bem-aventurada. Quem poderia inventar um sinal de amor maior? Permaneçamos extasiados diante do mistério de um Deus que se humilha para assumir a nossa condição humana até se imolar por nós na cruz (cf. Fl 2,6-8). Na sua pobreza, veio para oferecer a salvação aos pecadores. Aquele que como nos recorda São Paulo "sendo rico, se fez pobre por vós, para vos enriquecer com a sua pobreza" (2 Cor 8,9). Como dar graças a Deus por tanta bondade magnânima?

3. Os Magos encontram Jesus em "Bêt-lehem", que significa "casa do pão". Na humilde gruta de Belém jaz, colocado em cima de um pouco de palha, "o grão de mostarda" que, morrendo, dará "muito fruto" (cf. Jo 12,24). Para falar de si e da sua missão salvífica Jesus, ao longo da sua vida pública, recorrerá à imagem do pão. Dirá: "Eu sou o pão da vida", "Eu sou o pão que desceu do céu", "o pão que eu hei de dar é a minha carne, pela vida do mundo" (Jo 6,35.41.51). Repercorrendo com fé o itinerário do Redentor da pobreza desde o Presépio até ao abandono na Cruz, compreendemos melhor o mistério do seu amor que redime a humanidade. O Menino, colocado por Maria na Manjedoura, é o Homem-Deus que veremos pregado na Cruz. O mesmo Redentor está presente no Sacramento da Eucaristia. Na manjedoura de Belém deixou-se adorar, sob as pobres aparências

de um recém-nascido, por Maria, por José e pelos pastores; na Hóstia consagrada adoramo-lo sacramentalmente presente em corpo, sangue, alma e divindade, e oferece-se a nós como alimento de vida eterna. A santa Missa torna-se então o verdadeiro encontro de amor com aquele que se entregou completamente por nós. Queridos jovens, não hesiteis em responder-lhe quando vos convida "para o banquete do Cordeiro" (cf. Ap 19,9). Escutai-o, preparai-vos de modo adequado e aproximai-vos do Sacramento do Altar, sobretudo neste Ano da Eucaristia (outubro de 2004-2005) que quis proclamar para toda a Igreja.

4. "Prostrando-se, adoraram-no" (Mt 2,11). Se no Menino que Maria estreita entre os seus braços os Magos reconhecem e adoram o esperado pelas nações anunciado pelos profetas, nós hoje podemos adorá-lo na Eucaristia e reconhecê-lo como o nosso Criador, único Senhor e Salvador. "Abrindo os cofres, ofereceram-lhe presentes: ouro, incenso e mirra" (Mt 2,11). Os dons que os Magos oferecem ao Messias simbolizam a verdadeira adoração. Mediante o ouro eles realçam a realeza divina; com o incenso confessam-no como sacerdote da nova Aliança; oferecendo-lhe a mirra celebram o profeta que derramará o próprio sangue para reconciliar a humanidade com o Pai. Queridos jovens, oferecei também vós ao Senhor o ouro da vossa existência, ou seja, a liberdade de o seguir por amor, respondendo fielmente à sua chamada; fazei subir para ele o incenso da vossa oração fervorosa, o louvor da sua glória; oferecei-lhe a mirra, isto é, o afeio repleto de gratidão por ele, verdadeiro Homem, que nos amou até morrer como um malfeitor no Gólgota.

5. Sede adoradores do único Deus, reconhecendo-lhe o primeiro lugar na vossa existência! A idolatria é uma tentação constante do homem. Infelizmente há quem procure a solução para os problemas em práticas religiosas incompatíveis com a fé cristã. É grande a tentação de pensar nos mitos de fácil sucesso e do poder; é perigoso aderir a concepções evanescentes do sagrado que apresentam Deus sob a forma de energia cósmica, e de outras maneiras que não estão em sintonia com a doutrina católica. Jovens, não cedais a falsas ilusões nem a modas efêmeras, que muitas vezes deixam um trágico vazio espiritual! Recusai as soluções do dinheiro, do consumismo e da violência dissimulada, que por vezes os meios de comunicação propõem. A adoração do verdadeiro Deus constitui um ato autêntico de resistência contra qualquer forma de idolatria. Adorai Cristo: Ele é a Rocha sobre a qual construir o vosso futuro e um mundo mais justo e solidário. Jesus é o Príncipe da paz, a fonte de perdão e de reconciliação, que pode irmanar todos os membros da família humana.

6. *"Regressaram ao seu país por outro caminho" (Mt 2,12). O Evangelho esclarece que, depois de ter encontrado Cristo, os Magos regressaram ao seu país "por outro caminho". Esta mudança de caminho pode simbolizar a conversão daqueles que encontraram Jesus e foram chamados a tornarem-se os verdadeiros adoradores que Ele deseja (cf. Jo 4,23-24). Isto exige a imitação do seu modo de agir fazendo de si próprios, como escreve o apóstolo Paulo, um "sacrifício vivo, santo e agradável a Deus". O Apóstolo acrescenta depois que não se conformem com a mentalidade deste século, mas que se transformem renovando a mente, "para poder discernir qual é a vontade de Deus: o que é bom e lhe é agradável é perfeito" (cf. Rm 12,1-2). Escutar Cristo e adorá-lo leva a fazer opções corajosas, a tomar decisões por vezes heroicas. Jesus é exigente porque deseja a nossa felicidade autêntica. Chama alguns a deixarem tudo para o seguir na vida sacerdotal ou consagrada. Quem sente este convite não tenha receio de lhe responder "sim" e ponha-se generosamente no seu seguimento. Mas, além das vocações de especial consagração, existe também a vocação própria de cada batizado: também ela é vocação àquela "medida alta" da vida cristã ordinária que se expressa na santidade (cf. <u>Novo millennio ineunte</u>, 31). Quando se encontra Cristo e se acolhe o seu Evangelho, a vida muda e somos estimulados a comunicar aos outros a própria experiência. São tantos os nossos contemporâneos que ainda não conhecem o amor de Deus, ou procuram encher o coração com alternativas insignificantes. É urgente, por conseguinte, ser testemunhas do amor contemplado em Cristo. O convite para participar na Jornada Mundial da Juventude é também para vós, queridos amigos que não sois batizados ou que não vos reconheceis na Igreja. Não é porventura verdade que também vós tendes sede de Absoluto e andais em busca de "algo" que dê significado à vossa existência? Dirigi-vos a Cristo e não sereis desiludidos.*

7. *Amados jovens, a Igreja precisa de testemunhas autênticas para a nova evangelização: homens e mulheres cuja vida seja transformada pelo encontro com Jesus; homens e mulheres capazes de comunicar esta experiência aos outros. A Igreja precisa de santos. Todos somos chamados à santidade, e só os santos podem renovar a humanidade. Sobre este caminho de heroísmo evangélico foram muitos os que nos precederam e exorto-vos a recorrer com frequência à sua intercessão. Encontrando-vos em Colónia, aprendereis a conhecer melhor alguns deles, como São Bonifácio, o apóstolo da Alemanha, e*

os Santos de Colónia, particularmente Úrsula, Alberto Magno, Teresa Benedita da Cruz (Edith Stein) e o beato Adolph Kolping. Entre eles, gostaria de citar em particular Santo Alberto e Santa Teresa Benedita da Cruz que, com a mesma atitude interior dos Magos, procuraram apaixonadamente a verdade. Eles não hesitaram em colocar as próprias capacidades intelectuais a serviço da fé, testemunhando assim que fé e razão estão ligadas e que uma se refere à outra.

Caríssimos jovens, encaminhai-vos idealmente para Colónia, o Papa acompanha-vos com a sua oração. Maria, "mulher eucarística" e Mãe da Sabedoria, ampare os vossos passos, ilumine as vossas opções, vos ensine a amar o que é verdadeiro, bom e belo. Acompanhe todos vós até ao seu Filho, o único que pode satisfazer as expectativas mais íntimas da inteligência e do coração do homem.

Com a minha Bênção!
Castel Gandolfo, 6 de Agosto de 2004.

JOÃO PAULO II

(Disponível em: http://www.acidigital.com/Documentos/jmj2005.htm. Acessado em: 28/08/2005).

NOSSO COMPROMISSO

- Questionar:
  - Como poderemos rezar e agir daqui para frente? – Oração mais ação.
  - Em que momentos nossa comunidade reza?
  - Em que obras e serviços a comunidade atua?
  - Como podemos organizar-nos para participar 'com-firme-ação'?

- Levantar as possibilidades e os caminhos a seguir. Motivar para se encontrarem mais vezes e marcar a data.

- Conversar sobre:
  - Como vão os grupos juvenis de nossa comunidade? Já estão organizados? Ou, precisa ser fundado, organizado,

reforçado, transformado? Quem quer participar desta ação? [Dialogar e anotar os compromissos e propósitos.]

- Sugestão:
  - Convidar os coordenadores do(s) grupo(s) juvenis da comunidade para apresentarem o trabalho de cada grupo e convidarem os crismandos para os encontros.

CELEBRANDO NOSSO ENCONTRO

- **Catequista:** Vamos relembrar as palavras do Papa João Paulo II para os jovens:
  - *"Amados jovens, a Igreja precisa de testemunhas autênticas para a nova evangelização: homens e mulheres cuja vida seja transformada pelo encontro com Jesus; homens e mulheres capazes de comunicar esta experiência aos outros. A Igreja precisa de santos. Todos somos chamados à santidade, e só os santos podem renovar a humanidade. Sobre este caminho de heroísmo evangélico foram muitos os que nos precederam e exorto-vos a recorrer com frequência à sua intercessão."*
- Ouvir, cantar e meditar com a música: '*Coração Livre*' (Padre Jorge Trevisol).
- Em silêncio, pensemos em um santo a quem recorrermos e peçamos a sua intercessão junto a Deus Pai, Deus Filho e Deus Espírito Santo para continuarmos no seguimento a Jesus.
- Expressemos nosso pedido, rezando a oração do Espírito Santo.
- Terminar a celebração deste encontro com o gesto do abraço da paz, expressando a amizade que existe entre todos.

MEMÓRIA – TESTEMUNHO – AÇÃO DE GRAÇAS

Ao terminar a **Coleção Deus Conosco** com este volume VI, da CRISMA, quero 'fazer memória' das minhas raízes de fé cristã, como testemunho vivo de que, as sementes, os valores e as experiências religiosas podem ter seu primeiro anúncio e sua primeira catequese, explícita ou não, no quotidiano da vida familiar. De igual modo a descrença, o individualismo, os contravalores e vivências negativas... aí, também, podem brotar e desenvolver-se, principalmente neste tempo de influências e crises sociais, políticas e econômicas de todo tipo. Não é sem tempo que, em 1994, o tema da Campanha da Fraternidade (CNBB) tratou especificamente da FAMÍLIA.

Minhas raízes de fé estão nas terras de além-mar...

Sou descendente de imigrantes italianos, das famílias 'De Filipo e Furiatti', que vieram para o Brasil nas últimas décadas de 1800 e se instalaram em Minas Gerais.

Camponeses e pastores de Morigerate e Sicili, na província de Salerno, da Itália pós-guerra, eles 'sonharam com a América' e partiram, na esperança de melhores condições de vida para si e para seus filhos. No navio de imigrantes que atravessou o Atlântico, não traziam 'nem ouro nem prata', somente a coragem, a força de trabalho e a Fé Cristã, herdada de seus antepassados. Em 1993, fez 100 anos que meu avô André desembarcou no Brasil pela primeira vez (1893-1993).

Esta história, como a de milhares de outros imigrantes estrangeiros ou brasileiros, se parece e se espelha na História de Abraão e de seus descendentes. Também para eles foi escrita esta Palavra da Bíblia (Dt 11, 1.18-21.31-32):

"Amem a Javé seu Deus e observem continuamente o que ele ordena: seus estatutos, normas e mandamentos. Coloquem essas minhas palavras na mão como sinal. E que elas sejam para vocês como faixa entre os olhos. Vocês devem ensiná-las a seus filhos, falando delas sentados em casa e andando pelo caminho, deitados e de pé. Vocês deverão escrevê-las nos batentes de sua casa e nas portas de sua cidade, para que os dias de vocês e os dias de seus filhos se multipliquem sobre a terra que Javé jurou dar aos antepassados de vocês, e sejam dias tão numerosos quanto os dias em que o céu permanecer sobre a terra. Vocês estão para atravessar o Jordão e tomar posse da terra que Javé seu Deus vai lhes dar. Quando vocês tomarem posse dela e a habitarem, cuidem de colocar em prática todos os estatutos e normas que hoje estou promulgando para vocês."

SUGESTÕES DE MÚSICAS (CDs)

- CORAL PALESTRINA DE CURITIBA. **Cantando o novo milênio.** Paulus.

- FONTOURA, Mara. **Crianças em oração.** Gramofone.

- FREI FABRETI. **Os salmos das crianças.** Paulinas-Comep.

- GRUPO QUAERITE. **Ele te chama.** Paulinas-Comep.

- GUEDES, Hardy. **Pra cantar na escola.** HGF – Projetos culturais para a infância.

- KOLLING, Ir. Míria T. **Canções infantis I e II: datas comemorativas.** Paulus.

- KOLLING, Ir. Míria T.; ZAMUR, André. **Envia teu Espírito, Senhor!** Paulus.

- KOLLING, Ir. Míria T. **Vamos à casa do Senhor.** Paulus.

- LEGIÃO URBANA. **As quatro estações.** 1989.

- PE. GILDÁSIO MENDES. **Para os meus amigos.** Vozes, 1995.

- PE. JORGE TREVISOL. **Mistério, amor e sentido.** Paulinas-Comep.

- PE. ZEZINHO. **Lá na Terra do contrário e Deus é bonito.** Paulinas-Comep.

- SARDENBERG, Maria. **Sementinha 1, 2 e 3.** Paulinas-Comep.

- **SIQUEIRA, Ir. Maria do Rosário A.** Sementinha 4. **Paulinas-Comep.**

SUGESTÕES DE LEITURA

AGOSTINHO, St. **Instrução aos catecúmenos:** teoria e prática da catequese. Petrópolis: Vozes, 2005.

ANTUNES, C. **Como transformar informações em conhecimento.** 3.ed. Petrópolis: Vozes, 2002.

ASSOCIAÇÃO DO SENHOR JESUS. **Louvemos o Senhor 2002.** Campinas: ASJ, 2001.

BECKHÄUSER, Frei A. **Cantar a Liturgia.** Petrópolis: Vozes, 2004.

BECKHÄUSER, Frei A. **Instrução geral sobre o missal romano.** Petrópolis: Vozes, 2004.

BECKHÄUSER, Frei A. **Livro de Orações do Cristão Católico.** Petrópolis: Vozes, 2004.

BERKENBROCK, V.J. **Brincadeiras e dinâmicas para grupos:** diversões para dentro e fora da sala de aula, encontros de grupos, festas de família, reuniões e muitas outras ocasiões. 3. ed. Petrópolis: Vozes, 2003.

BERKENBROCK, V.J. **Histórias para dinamizar reuniões:** para reuniões de planejamento, avaliação, motivação, entrosamento e outras ocasiões em instituições e organizações. Petrópolis: Vozes, 2005.

BERKENBROCK, V.J. **Jogos e diversões em grupo:** Para encontros, festas de família, reuniões, sala de aula e outras ocasiões. Petrópolis: Vozes, 2002.

BORGES, G.L. **Dinâmicas de grupo:** crescimento e integração. Petrópolis: Vozes, 2003.

BORGES, G.L. **Dinâmicas de grupo:** redescobrindo valores. Petrópolis: Vozes, 2000.

BROTTO, F.O. **Jogos Cooperativos:** se o importante é competir, o fundamental é cooperar! 2. ed. São Paulo: Re-Novada, 1999.

CAMARGO, Pe. G.C. de. **Liturgia da missa explicada.** Petrópolis: Vozes, 2004.

CAMARGO, Pe. G.C. de. **Os Sacramentos:** fonte da vida da igreja. Petrópolis: Vozes, 2001.

CATECHESI TRADENDAE. **A catequese hoje:** exortação apostólica *catechesi tradendae* João Paulo II. 13. ed. São Paulo: Paulinas, 2001.

CATECISMO DA IGREJA CATÓLICA. Petrópolis: Vozes/São Paulo: Loyola, 1993.

CECHINATO, Pe. Luiz. **Escola bíblica:** preparando evangelizadores. Petrópolis: Vozes, 2005.

CENTRO CATEQUÉTICO DIOCESANO – DIOCESE DE OSASCO. **Catecriando:** dinâmicas de grupo para a catequese. 10. ed. São Paulo: Paulus, 1997 [Coleção Cadernos Catequéticos vol. 3].

CONGREGAÇÃO PARA O CLERO. **Diretório geral para a catequese.** São Paulo: Paulinas, 1998.

CONLUTAS. **Assassinato da Irmã Dorothy Stang,** 15 de fevereiro de 2005. Disponível em: <http://www.andes.org.br/imprensa/ultimas/contatoview.asp?key=3265> Acesso em: 28/11/2005.

CONFERÊNCIA NACIONAL DOS BISPOS DO BRASIL. **Projeto nacional de evangelização (2004-2007):** queremos ver Jesus – caminho, verdade e vida. Documentos da CNBB 72. 3. ed. São Paulo: Paulinas, 2004.

CONFERÊNCIA NACIONAL DOS BISPOS DO BRASIL. **Catequese para um mundo em mudança.** Documentos da CNBB 73. São Paulo: Paulus, 1994.

CONFERÊNCIA NACIONAL DOS BISPOS DO BRASIL. **Crescer na leitura da Bíblia.** Documentos da CNBB 86. São Paulo: Paulus, 2003.

CONFERÊNCIA NACIONAL DOS BISPOS DO BRASIL. **Catequese renovada:** orientações e conteúdo. Documentos da CNBB 26. 18. ed. São Paulo: Paulinas, 1990.

CONFERÊNCIA NACIONAL DOS BISPOS DO BRASIL. **Orientações para a catequese da crisma.** Estudos da CNBB 61. São Paulo: Paulinas, 1991.

CRUZ, E.S. **Teatro de bonecos na catequese.** Petrópolis: Vozes, 2000.

DIDAQUÉ. **O catecismo dos primeiros cristãos para as comunidades hoje.** 9. ed. São Paulo: Paulus, 1989.

EVANGELII NUNTIANDI: sobre a evangelização no mundo contemporâneo. Exortação Apostólica de Paulo VI. São Paulo: Paulinas, 1976.

FELLER, Vitor G. **Jesus de Nazaré:** homem que é Deus. Petrópolis: Vozes, 2004.

FONSATTI, Pe. J.C. **Os livros históricos da Bíblia.** Petrópolis: Vozes, 2004.

FONSATTI, Pe. J.C. **Introdução aos Evangelhos.** Petrópolis: Vozes, 2004.

FONSATTI, Pe. J.C. **Introdução à Bíblia.** Petrópolis: Vozes, 2001.

GASPARIN, C.G. et al. **Semeadores da Palavra:** formação de catequistas iniciantes. Petrópolis: Vozes, 2005.

GIL, Pe. Paulo César. **Quem é o catequizando?** Petrópolis: Vozes, 2001. Cadernos Temáticos para a Evangelização, vol. 6.

GRÜN, A. **A Oração como encontro.** Petrópolis: Vozes, 2001.

JOÃO PAULO II. **A tarefa dos jovens e das jovens na Igreja:** carta aos jovens da França, em junho de 1980. Disponível em: http://www.acidigital.com/juanpabloii/respostas.htm. Acessado em: 28/08/2005.

JOÃO PAULO II. **Mensagem para a XX Jornada Mundial da Juventude.** Disponível em: http://www.acidigital.com/Documentos/jmj2005.htm. Acessado em: 28/08/2005.

KELLER, Pe. E.D. **A Igreja:** das origens ao Vaticano II. Petrópolis: Vozes, 2002.

KLIPPEL, A.; BERKENBROCK, V.J. **Teatro em comunidade:** Encenações e dinâmicas para grupos de catequese, adolescentes e jovens. Petrópolis: Vozes, 2005.

KOLLING, Ir. Míria T. (org.) **Cantos e orações:** para a liturgia da missa, celebrações e encontros. Petrópolis: Vozes, 2004.

LIMA, Irmã, M.M. de. **Dinamizando a catequese com os adolescentes.** Petrópolis: Vozes, 2005.

MACHADO, L.M.P.; LISE M.I.A. **Recursos didáticos para a catequese.** Petrópolis: Vozes, 2005.

MAYER, C. **Na dinâmica da vida:** Dinâmicas criativas para diferentes momentos da vida. Petrópolis: Vozes, 2004.

MAYER, C. **No sotaque do andar:** roteiros e dinâmicas para encontros. Petrópolis: Vozes, 2005.

MORÁS, F. **As correntes contemporâneas de catequese.** Petrópolis: Vozes, 2004.

MOSER, Pe. Assis. **Catequese e liturgia.** Petrópolis: Vozes, 2004.

MOSER, Pe. A.; BIERNASKI, Pe. A. **Ser catequista:** vocação – encontro – missão. Petrópolis: Vozes, 2000.

MOSER, Pe. A. **Catequese e liturgia.** Petrópolis: Vozes, 2004.

MULLER, W. **Deixar-se tocar pelo sagrado.** Petrópolis: Vozes, 2004.

OLENIKI, M.R.L.; MACHADO, L.M.P. **O encontro de catequese.** 2.ed. Petrópolis: Vozes, 2000.

PONTIFÍCIA COMISSÃO BÍBLICA. **A interpretação da Bíblia na igreja.** São Paulo: Paulinas, 1994.

SAID, S. **Segredos de comunicação na catequese.** 2.ed. Petrópolis: Vozes, 2000.

SCHLAEPFER, C.F.; OROFINO, F.R.; MAZZAROLO, I. **A Bíblia:** Introdução historiográfica e literária. Petrópolis: Vozes, 2004.

SOUZA, G.W. de; SOUZA, F.F.; FONSATTI, Pe. J.C.; CAMARGO, S.A.B. **Parábolas do Reino:** para uma evangelização criativa. Petrópolis: Vozes, 1999.

VATICANO II. **Mensagens, discursos, documentos.** São Paulo: Paulinas, 1998.

CULTURAL
- Administração
- Antropologia
- Biografias
- Comunicação
- Dinâmicas e Jogos
- Ecologia e Meio Ambiente
- Educação e Pedagogia
- Filosofia
- História
- Letras e Literatura
- Obras de referência
- Política
- Psicologia
- Saúde e Nutrição
- Serviço Social e Trabalho
- Sociologia

CATEQUÉTICO PASTORAL
Catequese
- Geral
- Crisma
- Primeira Eucaristia

Pastoral
- Geral
- Sacramental
- Familiar
- Social
- Ensino Religioso Escolar

TEOLÓGICO ESPIRITUAL
- Biografias
- Devocionários
- Espiritualidade e Mística
- Espiritualidade Mariana
- Franciscanismo
- Autoconhecimento
- Liturgia
- Obras de referência
- Sagrada Escritura e Livros Apócrifos

Teologia
- Bíblica
- Histórica
- Prática
- Sistemática

REVISTAS
- Concilium
- Estudos Bíblicos
- Grande Sinal
- REB (Revista Eclesiástica Brasileira)
- SEDOC (Serviço de Documentação)

VOZES NOBILIS
Uma linha editorial especial, com importantes autores, alto valor agregado e qualidade superior.

PRODUTOS SAZONAIS
- Folhinha do Sagrado Coração de Jesus
- Calendário de Mesa do Sagrado Coração de Jesus
- Agenda do Sagrado Coração de Jesus
- Almanaque Santo Antônio
- Agendinha
- Diário Vozes
- Meditações para o dia a dia
- Guia Litúrgico

VOZES DE BOLSO
Obras clássicas de Ciências Humanas em formato de bolso.

CADASTRE-SE
www.vozes.com.br

EDITORA VOZES LTDA.
Rua Frei Luís, 100 – Centro – Cep 25689-900 – Petrópolis, RJ – Tel.: (24) 2233-9000 – Fax: (24) 2231-4676 – E-mail: vendas@vozes.com.br

UNIDADES NO BRASIL: Aparecida, SP – Belo Horizonte, MG – Boa Vista, RR – Brasília, DF – Campinas, SP
Campos dos Goytacazes, RJ – Cuiabá, MT – Curitiba, PR – Florianópolis, SC – Fortaleza, CE – Goiânia, GO – Juiz de Fora, MG
Londrina, PR – Manaus, AM – Natal, RN – Petrópolis, RJ – Porto Alegre, RS – Recife, PE – Rio de Janeiro, RJ
Salvador, BA – São Luís, MA – São Paulo, SP
UNIDADE NO EXTERIOR: Lisboa – Portugal